ミドルマネージャーが
知らないではすまされない!

会社のリスク管理のキホンがよくわかる本

加賀敬章 著

セルバ出版

はじめに

会社でご活躍のミドルマネージャーの皆さん、お疲れさまです。

２０２４年1月。元日に大きな地震が能登半島を襲いました。多数の犠牲者が出たほか、さまざまなインフラが破壊され、住民たちの生活は、現在も日常にはまったく戻っていません。

大地震のような災害があるたびにリスク管理の重要性が叫ばれてきましたが、今回も同じ状況です。人についても、企業についても、リスクはすぐ横に存在し、いかにリスクと対峙するか、いかにリスクを減らすかが私たちの喫緊の課題となっていることを目の当たりにしていると思います。

はじめまして。私は元テレビ局員で管理職歴25年の加賀敬章（かが・のりあき）と申します。

私は40年勤めたテレビ局を退職して2年。会社員時代のさまざまな経験から、ミドルマネージャーの皆さんに会社の中核として働くノウハウやコツをお伝えするため、企業研修やセミナーなどに日々登壇しております。これまでに１００回以上の登壇で延べ５５００人の皆さんに受講していただきました。

テレビ局は国の免許事業と言うこともあり、非常に厳しいコンプライアンス経営をしていますが、その中で私はコンプライアンス責任者を8年、コンプライアンス部門の総責任者を2年にわたり務め、会社のリスク管理業務に長く従事して参りました。

実は、私が勤務していた地方テレビ局は全国的に炎上した経験があります。私がまだデジタル関係の現場をまとめる管理職だったころ、２０１１年の事件です。

常駐している外部のテロップ製作者が、ふざけて、東日本大震災の被害を揶揄したテロップをつくってしまい、あろうことか、そのとんでもないテロップが生放送の画面に出てしまったのです。番組制作を指揮している副調整室のディレクターたちは、まさかそんなテロップが放送されているとは夢にも思わず、気づいてスタジオ画面に復旧するまで、何と23秒。その間、ずっとその不適切なテロップは放送エリアに流れ続けてしまったのです。

国の免許事業としてはまさにあり得ない、大変な放送事故になってしまったのですが、実は復旧したそれからが、私たち局員にとって地獄の日々となったのです。

地方局で起こった23秒間の放送事故が、瞬く間にネット上で、とてつもないスピードで拡散されました。国内のさまざまな人々が知ることになり、特に東北地方の人々の大きな怒りにつながったのです。

大変多くの抗議や非難が電話やメールで毎日毎時毎分届き、その数は1万８０００件に達しました。ＳＮＳが発達していない当時では考えられない数でした。

放送事故の対応や対策には経験のある経営者たちは、放送エリアだけで解決を図ろうとしていましたが、不適切なテロップ放送を知った、東北のみならず全国の人々からの抗議・非難・批判に対してはどう対処したらいいか、まったくわかりませんでした。

また、今のような配信という手段も考えられず、突然の不祥事に混乱して何も決めれずに、局員への指示や対応も大変遅くなっていました。

会社からの方針や指示がない中で、私たちミドルマネージャーは、スタッフたちとともに、自分たちができることを少しでも実施しながら現場を動かしていました。まさにそれぞれの部署のミドルマネージャーたちが中心となり、苦難を乗り越えようとしたのです。

結果的には、ＳＮＳが発達していない時代における、地方メディアが起こした炎上事案として、今でも語られるものになりました。

この経験は、普段からのリスク管理が会社としていかに重要か、それもミドルマネージャー自身が中心になってリスクの対応対策をいかに実践しなければならないかを私たちにわからせたのです。

こうした経験をした私が執筆した本書は、会社のために奮闘しているミドルマネージャーのための本です。

皆さんの悩みの解決や、今後の会社人生の指針につながるような、主にリスク管理の問題について述べています。

最初はミドルマネージャーの置かれている状況や立場、リスク管理の基本というところから始め、多岐にわたるテーマをリスク管理という視点をもって、問題解決策やノウハウなどにつなげています。

それぞれの項目は読み切り型になっていますので、皆さんは気になる項目のページから読んでいただいて構いません。ぜひ興味があるページを開いてみてください。

本書がリスク管理って何だろうか、何をすればいいのかと悩んでいるミドルマネージャーの皆さんの人生の一助になることを切に願っています。

それでは始めてまいりましょう。

2024年2月

加賀　敬章

ミドルマネージャーが知らないではすまされない！　会社のリスク管理のキホンがよくわかる本　目次

第2章　ミドルマネージャーが知るべき人とのかかわり方

第3章　組織のリスク対策

第4章　リスクを減らすお金とのかかわり方

第5章　リスクを最小限に抑える法律との向き合い方

第6章　外部世界とのかかわり方

第7章　ネットの落とし穴

第8章　リスク管理の継続的取り組み

おわりに

第1章　ミドルマネージャーのリスク管理

1　ミドルマネージャーの役割と責任とは

ミドルマネージャーは組織や企業の中心

ミドルマネージャーとは、組織や企業によって違いはあるものの、部長や課長、係長といった中間管理職のことをいいます。つまり、組織の運営において、中心的な役割を担うポジションです。上層部と一般従業員の間の橋渡しをする重要な立場にあり、組織の戦略的目標を実現するために不可欠な存在といえます。

また、部下の育成、コミュニケーションの活性化、コンプライアンス、戦術的な意思決定、チームのマネジメント、プロジェクトの管理、そして組織の文化の形成といった多くの役割や能力が求められています。

しかしながら、現代のミドルマネージャーは、コロナ禍や働き方改革、コンプライアンス強化などで大きな問題に直面しています。在宅勤務やリモートワークが進んだことで、部下の仕事ぶりを監視し、彼らのパフォーマンスを促進していくという従来の役割が失われ、今までのマネジメント手法が通用しなくなったからです。

また、これによりコミュニケーションの手法も変化せざるを得ない状況になっており、現場のミドルマネージャーが苦労している姿が伺えます。

ミドルマネージャーの役割と責任とは

まず、ミドルマネージャーは組織の戦略を理解し、それをチームの日々の業務に落とし込む必要があります。組織のビジョンや目標を具体的な行動計画に変換し、チームがその行動計画を達成できるように導く役割を担っています。これには、目標設定、リソースの配分、業務の優先順位づけなどが含まれます。

チームのマネジメントという側面では、ミドルマネージャーは自分のチームメンバーの能力を最大限に引き出し、彼らの成長と発展を支援することが求められます。これには、定期的なフィードバックの提供、目標達成に向けたサポート、適切なトレーニングの提供、そしてモチベーションの維持などが必要です。

プロジェクト管理も、ミドルマネージャーの重要な業務の1つです。プロジェクトの計画、実行、監視を担い、予算内で、期限までに、そして高品質でプロジェクトを完遂する責任があります。その過程では、リスク管理、ステークホルダーとのコミュニケーション、チーム内の調整などが不可欠となります。

組織の文化の形成という側面では、ミドルマネージャーは、常に目標に向かって努力し、組織のために働いている姿を見せることで、組織の価値観や倫理を体現し、チームや部門にそれを浸透させなければなりません。加えて、オープンなコミュニケーションや公正な意思決定、職場環境の促進なども求められます。

現代のミドルマネージャーに必要な能力

現代の企業のミッションは、利益と社会的責任です。ミドルマネージャーは、その中核的役割を担っており、組織や企業の成功に不可欠な役割を果たす役職なのです。戦略的な目標の達成、チームの成長と管理、プロジェクトの成功、そして健全な組織文化の創造と維持に責任を持っているわけです。

そのため、ミドルマネージャーは高いコミュニケーション能力、リーダーシップ、戦略的思考、そして人間性を備える必要があります。

重要な業務の1つはリスク管理

ミドルマネージャーは、組織の成功にとって、その役割は非常に重要であり、適切なサポートとトレーニングを提供することが、組織全体の発展につながります。つまり、組織や企業にとって、ミドルマネージャーは欠かせない役職なのです。

このように、組織の成功に欠かせない現代のミドルマネージャーですが、その重要でかつ欠かせない業務の1つが「リスク管理」だといわれています。

2　リスクって何だろう

リスクとは

リスクとは、専門的には「不確実性の中での潜在的な損失や悪影響」を指します。わかりにくいですが、つまり、これは「未来に起こるかもしれない、悪い事象のこと」をいいます。

リスクは、個人の日常生活からビジネス、金融、経営、医療、科学、教育、工学など、あらゆる分野に存在します。例えば、ビジネスでいえば、売上や利益を失ったり、事業計画がうまくいかなかったりする可能性のことです。リスクは、単にネガティブな結果の可能性に限らず、時にはよい機会をもたらすこともありますが、一般的には、何かが予想通りに進まない可能性のことです。

ミドルマネージャーがリスク管理をしなければならない理由は、会社の目標を達成するためです。リスク管理には、リスクを見つけること、どれが大きいリスクかを考えること、リスクを減らす計画をすること、そしてその計画がうまくいっているかをチェックすることが含まれます。

リスクの理解は、不確実性を管理することと密接に関連しています。不確実性は、未来が予測できないという事実に基づいています。したがって、リスクを理解することは、これらの不確実性に対処して、それらを減らすための計画を考えるうえで、不可欠になるのです。

もちろんリスクにはさまざまな種類があり、管理するためにはいくつかのステップがあります。

リスクの種類

リスクの種類は非常に多岐にわたります。金融リスク、事業リスク、オペレーショナルリスク、市場リスク、信用リスク、環境リスク、健康リスク、ネットリスクなど、さまざまな形で存在します。これらのリスクは、それぞれ異なる原因と影響を持ち、それに応じた管理が必要です。

リスクの評価・対策・管理

リスクの評価は、リスク管理の基本的なステップです。これには、リスクの特定、リスクの大きさの評価、発生確率の評価が含まれます。リスク評価のプロセスは、リスクをよりよく理解し、適切な対策を立てるために不可欠です。リスク評価には、定性的な方法と定量的な方法があり、状況に応じて選択されます。

リスク対策にはさまざまなアプローチがあります。リスクを回避する、リスクを移転する、リスクを軽減する、リスクを保有するなどがあります。例えば、ビジネスにおいては、リスクを移転するために保険に加入することがありますね。また、技術的なリスクを軽減するためにセキュリティーシステムを導入することが考えられます。影響が少なければ保有したままにするという選択もあります。

リスク管理は、組織や個人が目標を達成するうえで重要な役割を果たします。適切なリスク管理は、潜在的な損失を減らし、機会を最大化するのに役立ちます。リスク管理はまた、組織の持続可能性と成長にも役立つのです。

私たちに不可欠なリスク管理

リスクは私たちの生活のあらゆる側面に存在し、それに対処することは避けられません。リスクを適切に理解し、評価し、管理することで、私たちはよりよい意思決定を行い、目標達成の可能性を高めることができます。リスク管理は、不確実性の中で最善の結果を得るために不可欠なプロセスです。

ミドルマネージャーは、これらのステップを使って、リスクを上手に管理し、会社の目標達成に向かうことができます。リスク管理は、困ったことを避けるだけでなく、新しいチャンスをつかむ方法でもあります。

重要なのは、リスク管理は会社の文化の一部であるということです。ミドルマネージャーは、リスクに前向きに対応する姿勢を持ち、会社全体でリスクを意識することが大切です。リスクを恐れずに、うまく扱い、コントロールすることで、会社はもっと強く、柔軟になれます。リスク管理は未来で成功するための鍵です。

リスクはビジネスにおいて避けられない要素ですが、適切なリスク管理によって、これらのリスクを制御し、ビジネスの成長と繁栄に寄与することができます。リスクを理解し、効果的に管理することで、不確実性の中にあっても、企業は成功の道を見つけることができるのです。

3 なぜリスクを管理するのか

目標達成に必要なリスク管理

リスク管理は、不確実性の時代の中で最良の結果を得るための重要なプロセスです。私たちの日常生活、ビジネス、政策立案、科学研究など、あらゆる活動はリスクを伴います。

リスクを管理する主な目的は、潜在的な損失を最小限に抑え、同時に機会を最大限に活用することです。このプロセスは、戦略的な計画、意思決定の改善、資源の効率的な使用、そして組織や個人の目標達成に不可欠なものです。

リスク管理の重要性は、予測不可能な事象に対応する能力にあります。不確実性は常に存在し、これによって発生するリスクは避けられません。リスク管理により、これらの不確実性に対する準備ができ、対応策を立てることができます。例えば、自然災害や市場の変動、技術的な失敗、法律改正など、さまざまな外部要因によってリスクは生じます。

リスク管理は、潜在的な損失を防ぐためにも重要です。特にビジネスでは、リスク管理は財務的な安定性と持続可能な成長を保証するために不可欠なものです。リスク管理により、潜在的な問題を早期に特定し、それに対処することで、大きな損失や破綻を防ぐことができます。

また、リスク管理は機会の最大化にも役立ちます。リスクを適切に理解し、評価することで、機会を見極め、それを利用することができます。ビジネスにおいては、リスクを取ることが高いリターンを得る機会につながることがあります。リスクとリターンは密接に関連しており、リスク管理はリターンを最大化するうえで重要な役割を果たします。

リスク管理はまた、法的および規制上の要件を満たすうえでも重要です。多くの産業や業界では、リスク管理が法的な義務とされており、適切なリスク管理プロセスを実施しないことは法的な罰則を招く可能性があります。例えば、金融サービス業界では、厳格なリスク管理規制が設けられています。

さらに、リスク管理は信頼と評判の構築にも貢献します。顧客、投資家、ステークホルダーは、リスクを適切に管理できる組織を信頼し、その組織の製品やサービスを選択する可能性が高くなります。逆に、リスク管理が不十分な組織は、信頼を失い、ビジネスの機会を逃すリスクがあります。

リスク管理は、組織の文化と運営にも深くかかわります。組織がリスクに対してどのように対応するかは、その組織の価値観、倫理観、戦略に影響を与えるのです。リスクに対して積極的にアプローチすれば、組織全体が革新的な思考と行動を起こします。

リスク管理は、不確実な環境での成功と持続可能性を確保するために不可欠なものです。リスクを適切に評価し、管理することで、潜在的な損失を最小限に抑え、機会を最大限に活用することができます。また、リスク管理は、法的な義務を満たし、信頼と評判を構築し、組織文化と戦略に肯定的な影響を与えることができます。リスク管理は、不確実な未来に対する備えであり、その重要性はますます高まっています。

なぜリスク管理をするのか

リスク管理を行う理由はいくつかあります。

まず、予期せぬ問題を最小限に抑えるためです。リスク管理は潜在的な問題を予め見つけ出すプロセスです。これによって、企業は行動を起こし、リスクが現実の問題になる前にそれを回避または緩和できます。

次に組織の目標達成のためです。リスクは企業の目標達成を邪魔する可能性があります。リスクを理解し、管理することで、企業はその目標に向かってより効果的に進むことができるのです。

また、コストを節約することも理由になります。リスクが予測されていないと、それに対処するのは時間とコストがかかります。リスク管理は企業に時間と資源を節約させることで、他の重要な業務に力を入れることができます。

信頼関係を築くことも理由になります。顧客、ステークホルダー、従業員は、リスクを適切に管理する力を持つ企業を信頼するからです。この信頼関係は、ビジネスの成功には重要なことです。

もちろん、法規制を守るためでもあります。多くの業界では企業が特定のリスク管理の標準を満たすことが法律で求められています。リスク管理は企業に法的に適合していることを保証することになります。

このようにリスク管理は企業の成功に必要な要素となるわけです。

4　リスク管理の基本3ステップ

リスク管理の3ステップ

リスク管理は、不確実性に対処し、潜在的な損失を最小限に抑えるために不可欠なプロセスです。このプロセスは、一般的に3つの基本ステップに分けられます。それは「リスクの特定」「リスクの評価」「リスク対策」の3つです。これらのステップは、組織やプロジェクトのあらゆるレベルで適用され、リスクを効果的に管理するため、フレームワークを活用します。

ステップ①／リスクの特定

リスク管理の最初のステップはリスクの特定です。この段階では、潜在的なリスクを特定し、文書化することが重要です。リスクの特定は、内部および外部の両方のソースから行われます。内部ソースには、過去のデータ、従業員のフィードバック、プロセスの監視などが含まれます。外部ソースには、市場の動向、政治的変動、法規制の変更、自然災害などが含まれます。

リスクの特定は、ブレインストーミング、SWOT分析（強み、弱み、機会、脅威）、チェックリスト、専門家の意見、歴史的データの分析など、多様な方法を通じて行われます。具体的には事例調査やインタビュー、アンケート調査を使います。このプロセスの目的は、可能な限り多くのリスクを特定し、それらを明確に理解することです。

ステップ②／リスクの評価

リスクの特定の後、次のステップはリスクの評価です。この段階では、各リスクの重大性と発生確率を評価します。リスク評価は、リスクを定量的または定性的に分析することによって行われます。定量的分析では、発生確率や損失額、統計的方法で数値データを使用してリスクの影響を評価します。定性的分析では、専門家の意見や経験に基づいて、リスクを評価します。

リスク評価の結果は、リスクマトリクスによって視覚化されることが多いです。このマトリクスは、リスクの重大性と発生確率を基にして、リスクを優先順位づけします。高い重大性と高い発生確率を持つリスクは、最優先で対処すべきリスクとして扱われます。

ステップ③／リスクの4対策の実施

特定、評価が終わったら、最後のステップは、リスク対策の実施です。この段階では、特定され、評価されたリスクに対して、具体的な対策を計画し、実行します。

リスク対策には、リスクの回避、低減、移転、保有などの戦略が含まれます。回避はリスクが存在する活動を停止することで、リスクを排除します。

低減はリスクの影響を減少させる措置を講じます。移転は保険などを通じてリスクを第三者に移転します。保有は、リスクが管理可能であると判断された場合にリスクを受け入れることです。

リスク対策の計画と実施は、組織の目標、リソース、文化に適合する必要があります。リスク対策は定期的に見直され、必要に応じて調整されるべきです。リスク管理は継続的なプロセスであり、

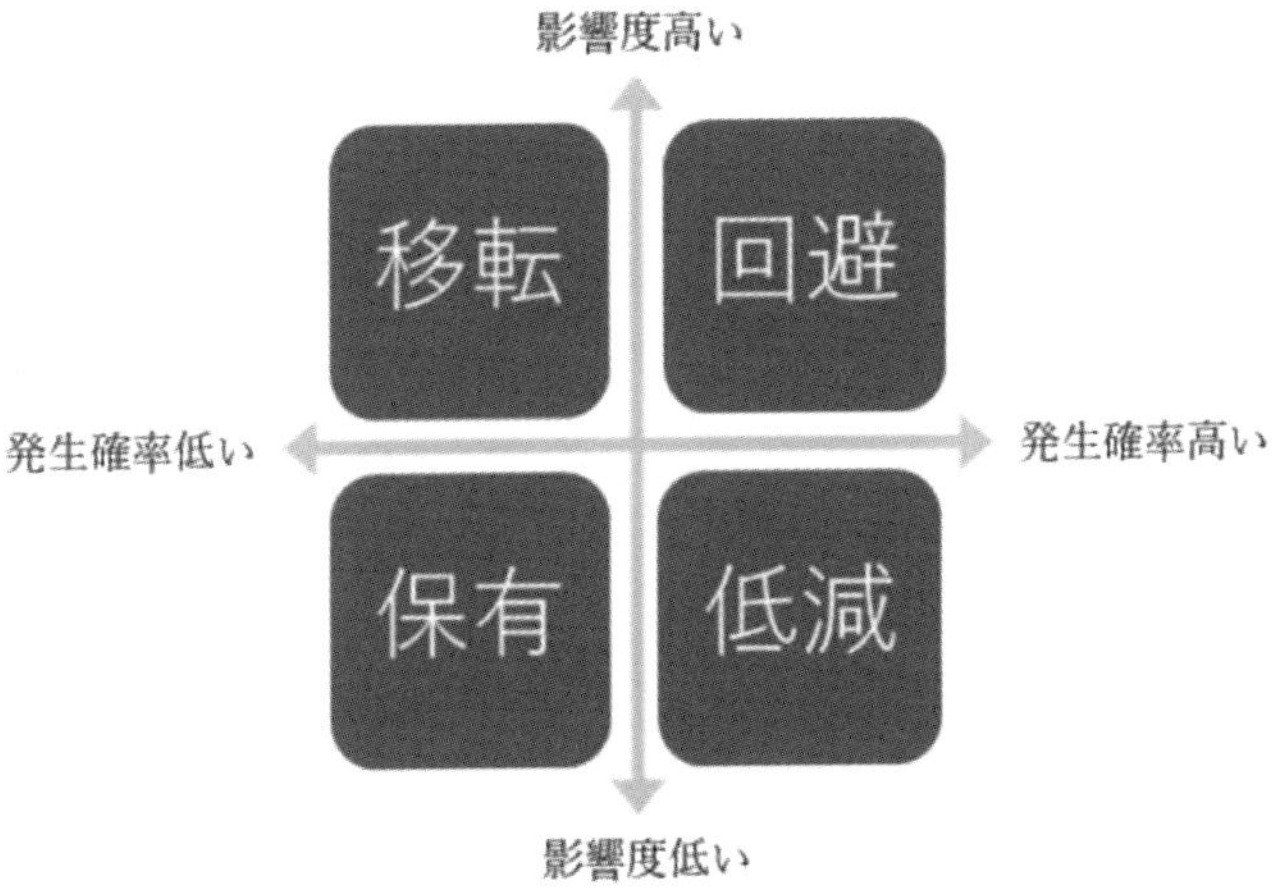

環境の変化や新しい情報に基づいて、常に更新される必要があります。

リスク管理の基本3ステップは、リスクの特定、リスクの評価、リスク対策の実施です。これらのステップは、リスクを効果的に管理し、組織やプロジェクトの成功を確実にするために重要です。リスク管理は、潜在的な損失を最小限に抑え、機会を最大限に活用するための重要なプロセスです。組織は、これらのステップを通じてリスクを適切に理解し、評価し、対応することで、より強固で、持続可能な未来を築くことができます。

リスク管理は、不確実性の中での成功と持続可能性を確保するために不可欠なアプローチであり、その重要性はますます高まっています。

5　リスクの種類

4つの分類

組織や企業には非常に多くのリスクがあります。それらのリスクを挙げる場合、さまざまな分類方法がありますが、ここでは、大きく分けて4つの分類を掲げます。分類ごとに具体例を列挙しました（次頁の表参照）。

もちろん、業界や企業が置かれている状況にもよりますので、もっと多くの分類をつくる方法もあります。つまり、自分の組織に沿ったリスク分類をつくることが一番の方法だと思います。そうすることで、リスクごとの担当決めや経営陣への報告の効率化などを図ることができるのです。

リスクとは、いくつかの潜在的な不確実性とそれに伴う損失の可能性のことです。リスクは、ビジネス、日常生活、金融、科学、工学など、あらゆる分野に存在し、多様な形で現れます。

このような分類種類を理解しておくことが、リスクに適切に対処する第一歩となります。

ハザードリスク

企業には、自然災害、事故、火災、感染症、地政学的リスク、サイバー攻撃など、多様なハザードリスクが存在します。

自然災害については、日本は地震リスクが高く、リスク管理の観点から地震リスクの評価を欠かすことはできません。また、近年は台風の規模や最大風速が巨大、強力になっているのが特徴的です。

感染症については、新型コロナウイルス感染症の流行により、企業においても感染拡大防止策が求められています。

【リスクの種類】

分類	リスク
ハザードリスク	自然災害、産業災害、事故、故障、火災、盗難、感染症、テロリズム、紛争、サイバー攻撃など
オペレーショナルリスク	事務ミス、誤操作、欠陥、製造者責任、製品瑕疵、環境汚染、情報漏洩、訴訟裁判、不正取引、横領、贈収賄、倫理違反、ハラスメント、差別、労務問題、経営者死亡、役員不祥事など
戦略リスク	合併買収、新規事業、研修開発、技術革新、マーケティング、法律改正、経済危機、風評被害、記事による批判、ネット被害、メディア対応失敗、不買運動、風評、格付け、為替など
財務リスク	資産運用、株価変動、不良債権、黒字倒産など

地政学的リスクについては、政治的な不安定や紛争、テロリズムなどが挙げられます。サイバー攻撃については、情報漏えいやシステム障害、ランサムウェアなどが発生することがあります。

オペレーショナルリスク

オペレーショナルリスクとは、組織や企業が日常的に行う業務において発生するリスクのことです。具体的には、事務ミス、誤操作、情報漏洩、不正行為、人為的災害などが挙げられます。オペレーショナルリスクは、企業に損失をもたらす可能性があります。

そのため、リスク管理においては、オペレーショナルリスクを未然に防止したり、リスクが具体的に発生してしまった場合の対処方法を事前に規定したりすることが重要とされています。

戦略リスク

企業の戦略リスクは、企業の戦略目標に対するリスクです。例えば、市場の変化や競合他社の行動、経済情勢や政治、情勢の変化、新規市場への進出、M&A、事業再編、ブランド価値の低下、人材不足、社会的責任などが挙げられます。

戦略リスクは、企業にとって大きなリスクとなるため、リスク管理による対策が必要です。リスク管理は、リスクの特定、分析、評価、対応、モニタリングと改善というプロセスになります。

財務リスク

企業の財務リスクとは、財務面から発生するリスクのことです。財務リスクには、運転資金や設備投資資金の調達で負債が増加することにより、貸借対照表の総資本に占める負債比率が拡大し、資金調達などに問題が生じる可能性が高まる「資金調達リスク」のほか、取引先の倒産により債権が現金化できなくなるなどの「与信リスク」、貸借対照表に計上している金融資産が市場で取引できなくなる「流動性リスク」、金利、株式、商品価格の変動による「価格変動リスク」などがあります。

リスクは多様であり、それぞれに独自の特徴と対処方法があります。リスクを正確に理解し、適切に管理することで、損失の可能性を最小限に抑え、成功への道を開くことができるのです。

6　事例で見るリスク

このようにさまざまな分類によるリスクが世の中にはあるのです。企業が司る業務にも数えきれないほどのリスクが考えられます。それらを認識しながらリスク管理を実施していくのがミドルマネージャーなのです。

ミドルマネージャーの役割は、組織の中核を担いながら上司と部下の橋渡し役を果たすことです。彼らは組織の目標達成に向けて活動する中で、さまざまなリスクに直面することとなります。次に、ミドルマネージャーが遭遇し得る具体的な事例をいくつか紹介します。

人的リスク

まず、人的リスクについて考えてみましょう。ミドルマネージャーは部下のパフォーマンスやモチベーションに直接影響を与える役割を果たしています。しかし、部下の能力やモチベーションに変動があるため、業績やプロジェクトの成果にリスクが生じる可能性があります。

例えば、ある部下が組織の目標に対して興味や能力を持っていない場合、その部下の業務遂行能力に制約が生じ、結果的に組織全体の目標達成に影響を及ぼす可能性があります。

プロジェクトリスク

次に、プロジェクトリスクについて考えてみましょう。ミドルマネージャーはプロジェクトの計画立案や進捗管理を行う役割を担っています。しかし、プロジェクトの進行には予期しない問題や障害が発生することがあります。

例えば、予算超過や納期の遅延、関係者間のコミュニケーション不足などが起こる可能性があります。これらのリスクをミドルマネージャーが適切に把握し、対策を講じることが重要です。

環境変化によるリスク

さらに、組織内外の環境変化によるリスクも考慮する必要があります。例えば、競合他社の新規参入や市場の変動、法律や規制の変更などがあります。これらの環境変化によって、組織のビジネスモデルや戦略に影響が及ぶ可能性があります。ミドルマネージャーは常に市場動向や法的要件を把握し、組織のリスクに対する適切な対策を検討する必要があります。

コミュニケーションリスク

最後に、コミュニケーションリスクも重要な要素です。ミドルマネージャーは上司や部下、他のチームとの円滑なコミュニケーションを図る必要があります。しかし、情報の伝達ミスや意思疎通の不足などが起こる可能性があります。これによって、プロジェクトの方向性がずれたり、部下のモチベーションが低下したりするリスクが生じることがあります。ミドルマネージャーは効果的なコミュニケーション手法を確立し、情報の正確性と透明性を確保することが重要です。

他のリスク

このほかにも、次のリスクがあります。

①自然災害

地震や洪水などの自然災害による被害を最小限に抑えるために、建物の耐震設計や洪水対策、非常時の避難計画などを策定します。また、災害時の情報共有や復旧作業の計画も重要です。

②法的リスク

法律や規制の変更によるリスクを管理するために、法務部門と連携して法的リスクのモニタリングやコンプライアンスの徹底を行います。また、契約書や取引条件の適切な管理も重要です。

③金融リスク

金融業界では、市場変動や金利変動、信用リスクなどが重要なリスク要因です。リスク管理部門は適切なリスクモデルの開発やストレステストの実施、リスク分散のための投資ポートフォリオの最適化などを行います。

④供給リスク

サプライチェーンの中断や供給源の問題によるリスクを管理するために、サプライヤーの選定と評価、バックアップ供給源の確保、在庫管理の最適化などが重要です。

⑤サイバー攻撃リスク

サイバー攻撃に対するリスクを管理するために、ファイアウォールや侵入検知システムの導入、パスワードポリシーやアクセス制御の強化、従業員のセキュリティー教育などが必要です。

⑥経営リスク

経営戦略の失敗や競合他社の台頭、不況などのリスクを管理するために、市場調査や競合分析の実施、リスクマップの作成と定期的な評価、経営層のリスク意識の向上などが必要です。

もちろん、これらは、リスクのほんの一部の例です。組織や業界によって異なるリスクが存在する場合もあります。リスク管理は継続的なプロセスであり、組織全体で意識し、対策を講じることが重要です。

ミドルマネージャーは組織の中心でありながら、さまざまなリスクに直面しています。リスクを正しく把握し、適切な対策を講じることで、組織の成果と継続的な成長を促進することが求められています。

これらの事例を見ると、リスク管理は大変多岐にわたるものですし、どれもが複雑なものだとわかります。自然災害、経済、社会、技術、企業文化といった違った分野におけるリスクには、それぞれ特有の対応策が必要です。これら国内の事例を通じて、リスク管理の重要性とその実践方法を学ぶことは、ミドルマネージャーにとって、貴重な教訓を提供しているわけなのです。

リスク管理は、不確実な環境の中で成功を確実にし、潜在的な損失を最小限に抑えるために不可欠なプロセスだといえます。また、日本のような複雑な環境において特に重要であり、その実践は今後もさらに進化していくことが予想されます。

7　企業のリスク管理失敗事例

テレビや新聞などで毎日のように報道されているのが、企業の不祥事です。不祥事は多岐にわたりますが、経営陣までがかかわるものは企業経営の根幹につながります。そのほとんどが目先の利益を重視し、顧客や社会の利益を蔑ろにしたものです。

つまり、リスク管理を無視して、利益至上主義になってしまっているわけです。そこに上意下達や意見を言えない企業体質が絡み、最終的に経営トップの辞任、国からの改善命令、企業の衰退、倒産という事態になる可能性があります。

この項では、企業のリスク管理の代表的な失敗事例をいくつか掲げます。どれもが大企業で起こった事例で、実質的にリスク管理がまったくできていなかったものです。

東芝の会計不正問題

東芝の会計不正問題は、世界的有名企業がリスク管理できていなかった事例です。企業ガバナンスと内部管理体制の重要性を示すものとなりました。2015年に東芝の稟議書や決算書類の改ざんが発覚し、7年間で2200億円という巨額の不正経理が明らかになりました。東芝は巨額の損失計上を迫られ、信用失墜と資金調達力の低下により事業継続が困難になる危機に瀕しました。この問題は、企業の透明性と信頼性の損失を招き、株価の大幅な下落を引き起こしました。

この会計不正問題をきっかけに2021年には、150年近く続いた会社が分割される事態になりましたし、時効により刑事責任は問われなかったものの、2023年、旧経営陣5人は東京地裁から損害賠償責任があるとの判決を言い渡されました。結局、同年、東芝は国内ファンドに買収されて、東証の株式上場も廃止となってしまいました。

東芝の事例は、利益至上主義が不正につながる危険性を示すとともに、経営トップのリーダーシップが重要であることを物語っています。

オリンパスの経営危機

オリンパスの経営危機は、隠蔽された巨額の損失が発覚した事例です。２０１１年にオリンパスの過去の有価証券報告書の虚偽記載が発覚しました。元社長の指示で巨額の損失を隠蔽するため、買収対象企業の時価を過大評価するなどの粉飾決算が行われていました。この事態を受けて社長が辞任するとともに、第三者委員会を設置して原因究明と再発防止策の提言が行われました。

原因として、経営陣の監視機能不全、ガバナンスの脆弱性、コンプライアンス意識の欠如が挙げられました。不正の根絶にはガバナンスと企業風土の変革が欠かせないことを、オリンパスの事例も示唆しているといえます。

タカタのエアバッグ問題

タカタは２０００年代に入り、エアバッグの不具合を隠蔽しリコールを遅らせたとして批判を浴びました。不適切なデータ操作が行われ、最終的には倒産に追い込まれました。この問題から、日本のメーカーには、品質データの隠蔽や改ざんが行われがちな体質、リコールに対する迅速な対応が欠ける傾向があること、それに消費者を軽視した姿勢があることなどの課題があると国内外から批判されました。

タカタの事例は品質不祥事に伴う信頼失墜リスクを教訓とし、企業不祥事再発防止のためのガバナンス改革や企業風土の変革が重要であることがわかります。

ダイハツの品質不正

２０２３年、ダイハツ工業が30年以上にわたり品質不正を続けていたことが明らかになりました。多岐にわたって大変多くの不正が判明しました。特に衝突安全試験の不正は、人命にかかわることから、全車種の出荷停止という異例の事態に追い込まれました。この不正行為により、ダイハツは消費者からの信頼を失墜させる結果となり、影響は顧客だけではなく、トヨタなど供給他社、販売店、サプライヤーや株主など広範囲に及びました。

国土交通省は、ダイハツに対して、立入検査を行い、特に悪質な不正行為が行われた３車種の型式指定を取消し、是正命令を発出しました。ダイハツの不正行為は、自動車メーカーとしての社会的責任を軽視したものであり、厳しく問われるべきだと言われています。このように、品質不正、データ改ざんという不正行為は企業に致命的なダメージを与えるため、企業倫理の浸透が不可欠です。

損害保険ジャパンの不正行為

２０２４年、メガ損保の１つである損保ジャパンが、自動車保険金の不正請求に対する対応が不適切であったとして、金融庁から業務改善命令を受けました。不正請求を行っていたのは、損保ジャパンの代理店であるビッグモーター社で、損保ジャパンは同社に対して適切な損害調査や管理・けん制を行っていませんでした。また、損保ジャパンの代理店従業員も、実在しない傷害保険の加入を持ちかけて現金を不正に受領していたことが発覚しました。

金融庁は、損保ジャパンに対して、経営責任の明確化や保険金等支払管理態勢の確立、代理店管理やコンプライアンス・顧客保護の態勢の強化、組織風土の醸成などの改善計画を提出するよう命じました。

また、損保ジャパンの持株会社であるＳＯＭＰＯホールディングスに対しても、子会社の業務の健全かつ適切な運営を確保するための改善計画を提出する業務改善命令を出しました。

両社の経営トップは辞任を表明しましたが、保険リスクの専門会社ともいえるメガ損保の不正行為は、世の中を大変騒がしました。

金融庁は、顧客の利益よりも自社の利益を優先する損保ジャパンの企業文化が根底にあると指摘し、企業体質を問題視しました。

8　危機のサインを見逃さないために

危機のサインを見逃さないスキル

ビジネスの世界では常に危機が潜んでいます。それは突然、予想外の形で現れ、企業活動に大きな影響を及ぼすこともあります。そのため、ミドルマネージャーとして危機のサインを見逃さないスキルは必須といえるでしょう。

まずは、自社が置かれている状況を的確に把握することが重要です。自社の製品やサービスが市場でどのような位置づけにあるのか、顧客層はどのような傾向を持っているのか、業界全体の動向はどうなっているのかを随時調査することです。

次に、組織内のコミュニケーションを重視しましょう。上層部から現場スタッフまで、情報が適切に共有されていなければ、危機のサインを見逃す可能性があります。また、現場からのフィードバックに耳を傾け、情報を適切にアップデートし続けることが必要です。

さらに、従業員のモチベーションや士気に注目しましょう。ネガティブな空気や低下した生産性は、組織内部の問題になることは確実です。頻繁な残業や業績の低下、離職率の上昇などは危機のサインかもしれません。

危機はしばしば、財務状態の変化としても現れます。不正確な予算管理や予測と実際の数値との大きなズレなどは、問題の兆候かもしれません。財務報告を常に正確に分析し、予期せぬ変動に対する感知能力を高めることが求められます。

また、取引先や顧客からのクレームにも敏感であることが重要です。小さなクレームから大きな問題が発生することもありますから、その1つひとつに真摯に対応し、再発防止策を練ることが求められます。

これらのポイントを踏まえ、組織全体の安全性を確保するためにリスク管理が必要です。日々変わる状況に対応する柔軟性を持つことが成功への鍵となります。組織が危機を乗り越え、成長するためには危機管理は避けて通れない道です。常に危機のサインにアンテナを張り、その対応に迅速さと的確さが求められます。これがミドルマネージャーの重要な役割となるでしょう。

では、ミドルマネージャーが危機のサインを見逃さないためには、どうすればいいのでしょうか。次のような具体的な方法が考えられます。

データ分析が重要

現代の経営において、データは非常に重要な役割を果たしています。売上、生産性、市場トレンドなど、あらゆる指標の分析を通じて、問題の早期発見や解決策を見つけることが可能です。

特に急激な変動や異常値が観察された場合は、それが危機のサインである可能性があるため、迅速に対処するべきです。

オープンなコミュニケーション

組織内で起こる問題のサインは、従業員からのフィードバックや意見の中に現れることがあります。ミーティングや1対1の面談などを通じて、従業員からの意見を活発に引き出し、それらを適切に評価・反映することが重要です。

マーケットリサーチは不可欠

業界や市場、競合他社の動向を定期的に調査・分析することで、外部環境の変化と自社の位置づけを見極めることができます。「炎上」といった社会情勢も重要な危機のサインとなり得ますので、広い視野を持つことが求められます。

行動的な姿勢をとろう

問題が発生したときに、待っているだけではなく、能動的に解決策を求める姿勢が必要です。問題を早期に把握し、必要な対応策を迅速に決定・実行できるよう、予め準備や計画をしておくことも効果的です。

以上の方法を用いて、日々の業務を通じて潜在的な危機を見つけ出し、それに対する適切な対応を行うことが求められます。危機管理は、単に問題を解決するだけでなく、それによって組織がより強く、よりよい方向へ進むための契機となります。ミドルマネージャー自身の視野を広げ　そのリーダーシップが全体の組織をよりよい未来に向けて導くのです。新たな視点から見直すことで、目の前に立ちはだかる難しさをチャンスに変えることができます。

危機は予告なく訪れることが多く、そのサインを見逃すことは重大な結果を招く可能性があります。組織や個人が危機に効果的に対応するためには、これらの兆候を早く識別し、適切な対策を講じることが不可欠です。危機管理は、予期せぬ状況や不確実性に対処するための重要なプロセスです。危機のサインを見逃すことは、組織や個人にとって致命的な損失をもたらすことがあります。したがって、危機の初期サインを正確に識別し、迅速に対処することが重要です。

このほか、危機のサインを見逃さないようにするためには、この章で前述したリスク管理の手法（リスク評価・対策・管理）のほか、リスクを予測する「法則」や「監視ツール」を使うこともおすすめです。特に「法則」については、危機を予測することに使えるものがあります。

・ベイズの法則

統計・確率論で有名な法則。新たな情報を得た際にそれを元に既存の信念や予測を修正する方法です。この法則を使うことで、新たな情報を正しく評価し、早期に危機の兆候を察知することができます。

・ハインリッヒの法則

もともと労働災害から生まれた法則。「１つの重大な事故の背後には、29の軽微な事故や違反が存在し、ヒヤリハット事案が３００ある」という考え方に基づいている法則。

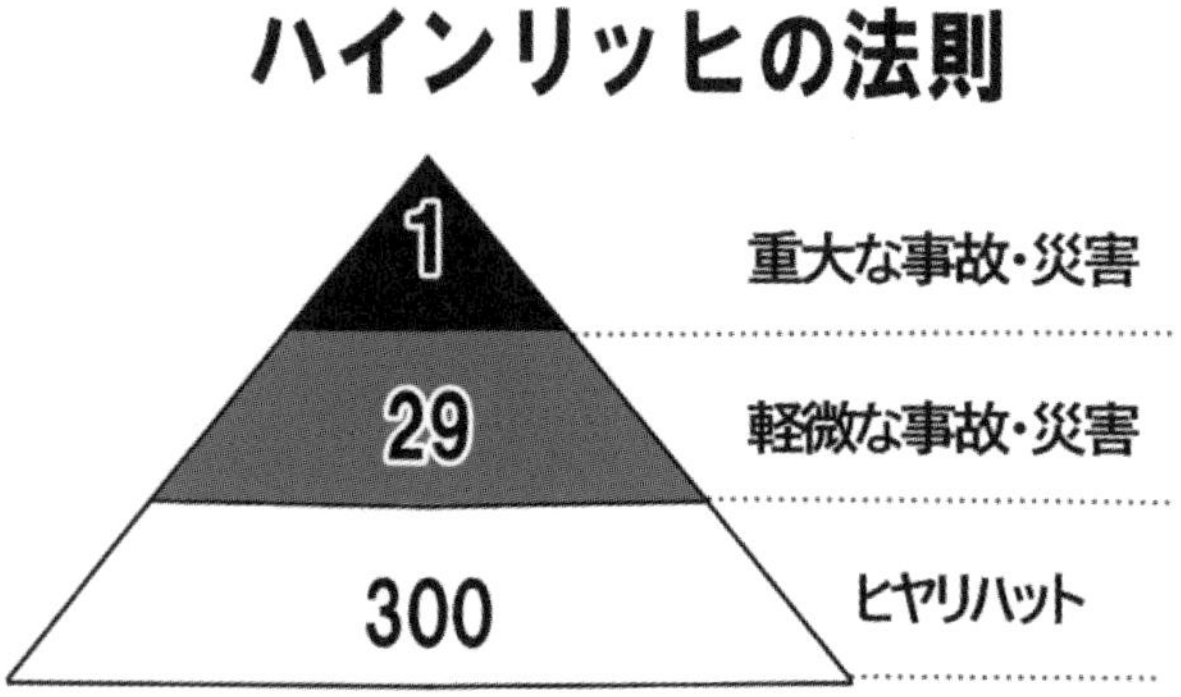

リスクを予測するため、「ハインリッヒの法則」が参考になります。アメリカのハインリッヒが労働災害の事例を統計分析した結果、重大事故が1回起こった裏には29の軽微な事故があり、さらにその裏には300の事故寸前、つまりヒヤリとしたり、ハットする事例があったというものです。サインは見逃さないなど、どのリスクにも応用できるといわれています

第2章　ミドルマネージャーが知るべき人とのかかわり方

1　チーム内の対立を避ける

ミドルマネージャーにとってチーム内の対立は、生産性が低下し、チームの士気が失われ、最終的には事業目標の達成を阻害するリスク要因となります。ミドルマネージャーは、チームのパフォーマンスと組織内の安定的な人間関係の維持が求められるのです。

ここではチーム内の対立を未然に防ぐための戦略をいくつか紹介します。

コミュニケーションを改善しよう

対立はしばしばコミュニケーションの失敗から生じます。明瞭で一貫したコミュニケーションは、誤解を防ぎ、チーム内の信頼を強化します。マネージャーはオープンドアポリシーを推進し、定期的なミーティングを通じてメンバー間の情報共有を行ってください。チームメンバーは自らの意見を安心して表現できる環境であることが重要で、それが健全な意思決定につながるのです。

ダイバーシティとインクルージョンを促進しよう

ダイバーシティとは、多様性を認め互いに受け入れることです。また、インクルージョンとは、人材の属性にとらわれることなく、平等に機会が与えられ、一体感をもって働く環境があることをいいます。

これらを進めていこうということです。チームメンバーはいろいろなバックグラウンドを持っています。つまり、異なる視点と解決策があるわけです。ミドルマネージャーは、多様性がチームの強みであることを認識し、異なる意見に耳を傾ける企業文化をつくり上げる必要があります。また、すべてのメンバーが価値を見出し、自分たちのアイデアが評価される環境をつくることが大切です。

明確な役割と責任を与えよう

チームメンバーがそれぞれの役割と責任を正確に理解していない場合、重複、無視、または課題に対して、誤解が生まれます。役割ベースでの明確な期待を設定し、それぞれが自己の任務に対して責任を持てるようにマネジメントすることは、対立の抑制に不可欠なのです。チームメンバーで進捗状況を共有することで、混乱を避けることができます。

ゴールを明確化し共有しよう

チームのゴールが明確でないと、メンバーは望まれる結果に向かって効率的に動けません。目標設定のプロセスにチームを巻き込み、長期と短期の両方で目標を明確に定め、それらがどのように組織の広範なビジョンに寄与するかを共有することが大切です。共通の目的意識を持つことで、チームワークが向上し、個々の成果が組織全体の成功に結びつきます。

衝突解決テクニックを指導しよう

対立は避けられない場合もあります。対立は悪いことではありません。その際、ミドルマネージャーは中立的な立場で、チームメンバーが共通の解決策に向かうことを助けるべきです。衝突解決テクニックをマスターすると、チームメンバーは自分たちの問題を効率的に解決できるようになります。

ミドルマネージャーは、そうしたスキルがチーム内で共有されるよう、トレーニングや勉強会を積極的に促進してください。

ストレス管理のサポートをしよう

ストレスは対立の火種となることがあります。ワークライフバランスを重視し、適切な休息時間を推奨することで、チームメンバーは仕事に集中しやすくなります。

ミドルマネージャーから健全なストレス解消方法を提案することも、対立を未然に防止する重要な手段になります。普段からコミュニケーションをとりながらサポートもしましょう。

正しいフィードバック文化の育成は不可欠

正直かつ建設的なフィードバックは改善に不可欠です。チームメンバーの長所を強調し、改善点に対しては、明確で実行可能なアドバイスをしましょう。何よりも、ミドルマネージャー自身がフィードバックを受け入れ、改善する姿を見せることで、フィードバックが根づいた仕事環境になっていきます。

以上のことから、ミドルマネージャーは、リーダーシップを発揮し、意見の対立をきちんと管理することが求められます。チーム内の対立を避けるためには、コミュニケーションを促進すること、多様性を価値として高めること、役割と責任を明確にすること、共通の目標を共有すること、衝突解決テクニックを教育すること、ストレス管理を支持すること、そして健全なフィードバック文化を育成することがキーポイントとなります。

これらの基盤がしっかりしていれば、チーム内の意見の相違をうまく扱い、対立を回避することができますし、チームはより一層結束して、企業の目標達成に向けて全力を尽くすことができると思います。やってみましょう。

2　顧客との良好な関係を築く

ビジネスにおいて顧客との良好な関係は、企業にとって最も重要な資産の1つです。ミドルマネージャーは、顧客接点に近い立場にあることから、顧客満足の向上と信頼関係の構築に大きな役割を担っています。ここでは、ミドルマネージャーが顧客と良好な関係を築くためのポイントを述べていきます。

信頼の構築

信頼は一貫性のある行動から生まれます。顧客に対しては、常に透明で誠実な対応を心がけることが重要です。約束は守り、期待を超える努力をすることが信頼を築く鍵です。

定期的な更新、情報、またはメッセージを通じて、顧客とのコミュニケーションを維持します。顧客に彼らが大切にされていると感じさせることが、長期的な関係の基盤を築くわけです。

顧客のニーズをくみ取る

重要なのは、顧客の立場に立った商品・サービスの提供です。顧客が求めている価値を的確に把握し、それに応える品質とサービスを提供し続けることが大切です。顧客の潜在的なニーズをくみ取る努力も欠かせません。

また、顧客からのフィードバックを積極的に収集し、サービスの改善に活用します。顧客の声を聞くことは、彼らのニーズを満たし続けるための鍵となります。

日頃からのコミュニケーション

日頃から顧客とのコミュニケーションを大切にすることもポイントです。例えば、定期的な訪問や情報提供、アンケート調査を通じて、顧客の生の声に耳を傾けましょう。それに基づき、商品やサービス、業務プロセスの改善に取り組むことが重要です。

相談・苦情は迅速で真摯に対応

顧客からの相談や苦情には、迅速かつ真摯に対応することも肝要です。１つひとつのケースに丁寧に取り組み、顧客の信頼回復に努めることが大切です。対応結果は記録し、次に生かすことも忘れないようにしましょう。

顧客管理の扱い

顧客情報の管理は慎重に行う必要があります。情報漏洩や不正利用がないよう、社内ルールを厳守しましょう。顧客のプライバシー保護が信頼関係の基盤となります。個人情報漏洩は顧客からの信頼を失くします。

商取引以上の関係構築を

単なる商取引以上の関係を築く視点も重要です。顧客の事業や課題を理解し、解決に向けて知見を提供するなど、価値ある関係を提供する努力が必要です。

そのうえで、継続的な関係構築にも注力しましょう。定期的な情報交換や交流の場を設けることで、強固な信頼関係を育んでいけます。

このほかにも、礼儀正しい対応、約束を守ること、顧客の大切なイベントへの配慮など、心のこもった対応が大切です。

ここに掲げたもの以外にも顧客との良好な関係を続ける方策は多くあります。チーム全体で、顧客の要望や問題を迅速かつ効果的に対応することや専門知識やスキルを活かして信頼や信用を得ることも重要でしょう。

もちろん、そのためには日頃の継続的な自己啓発や学習が必要になりますし、業界内外の情報を常に取得するなど、アンテナを張り続けることも、ミドルマネージャーには必須となります。

顧客との良好な関係は、決して一朝一夕には築けません。日々の着実な努力の積み重ねが信頼を醸成していきます。ミドルマネージャーは、部下とともに、長期的な視点を持って顧客との関係強化に取り組むことが重要です。

1人ひとりの顧客に寄り添い、応対の質を高めることで、顧客満足度の向上と同時に、企業業績の向上にもつながっていきます。

3　ステークホルダーとのコミュニケーション

ステークホルダーとの効果的なコミュニケーションは、企業の成長と成功の鍵となります。ミドルマネージャーは、さまざまなステークホルダーの期待を満たし、ニーズを理解し、適切に対応して、組織の目標とステークホルダーの期待の間のバランスをとる必要があります。

ステークホルダーの識別と理解

①ステークホルダーの特定
プロジェクトの成功に影響を与える内外の人々やグループを特定します。これには従業員、顧客、サプライヤー、株主、地域コミュニティーなどが含まれます。
②ステークホルダーの期待、関心事、影響力を分析
詳細に分析することで、この情報は、後のコミュニケーション戦略の基盤となります。

コミュニケーション戦略の開発

①メッセージのカスタマイズ
異なるステークホルダーに合わせて、メッセージをカスタマイズします。これは、彼らの関心

事や情報ニーズを考慮した内容であるべきです。

②コミュニケーション手段の選定

適切なコミュニケーション手段（メール、ミーティング、グループウェア、SNSなど）を選定し、ステークホルダーごとに最適な方法を用いることが重要です。

関係の構築と維持

①信頼の構築

一貫性と透明性を持って行動し、ステークホルダーとの信頼関係を構築します。約束を守ることは、信頼を築く上で非常に重要です。

②継続的なかかわり合い

定期的なコミュニケーションを通じて、関係を強化し維持します。フィードバックを積極的に求め、それに対応することで、継続的な改善を図ります。

対立と危機の管理

①対立の管理

ステークホルダー間の意見の相違を早期に発見し、適切に対応します。根本原因の分析と共に、建設的な議論を促進することが不可欠です。

②危機管理
危機が発生した場合は、迅速かつ透明なコミュニケーションを通じて、ステークホルダーへの信頼を保ちます。危機に強い組織文化の構築も重要です。

継続的な評価と改善

①コミュニケーションの効果の評価
コミュニケーションの効果を定期的に評価し、必要に応じて戦略を調整します。これには、フィードバックの収集と分析が含まれます。

②改善の取り組み
評価を基に、コミュニケーションプロセスを継続的に改善します。これにより、ステークホルダーとの関係をさらに強化することができます。

長期的な関係構築

①継続的な関係維持
長期的な関係を構築するためには、定期的なチェックインと継続的な価値提供が必要です。

②戦略的パートナーシップ
ステークホルダーとのパートナーシップを戦略的に発展させます。共通の目標に向かって協力す

ることで、より深い関係を築きます。

ステークホルダーとのコミュニケーションは、組織の成長と成功のために不可欠な要素です。ミドルマネージャーは、これらの関係を効果的に管理し、組織の目標達成に向けて積極的に貢献することが求められています。

4　従業員教育のポイント

従業員教育とは

リスク管理を効果的に行うためには、従業員教育が欠かせません。従業員教育とは、従業員にリスク管理の知識、スキル、態度を身につけさせることです。従業員教育は、リスク意識の向上、リスク対応の能力の強化、リスク文化の形成などのメリットがあります。

近年、企業を取り巻くリスクはますます多様化し複雑化しているため、従業員1人ひとりがリスク管理能力を高める教育は益々重要性を増しています。そのポイントをまとめてみました。

従業員教育を通じて期待できる3つの効果

まず、従業員のリスクに対する意識や感度を高めることができます。日常業務の中に内在するさまざまなリスクに気づく力を養うことができれば、リスクの芽自体を早期に摘み取ることが可能になります。

次に、リスクが顕在化した際の対応力が向上します。万が一、リスクが現実のものとなった場合でも、迅速かつ的確な対応を取ることができるようになります。

また、組織のリスク管理文化が醸成されます。従業員教育によって個々人のリスクに対する認識が高まれば、それが企業文化として定着していくのです。

従業員教育を成功に導く3つのポイント

第一は、経営トップの明確なリーダーシップです。リスク管理の重要性を強く訴え、自ら模範となる行動を示すことが不可欠です。リーダーの姿勢が従業員の意識に大きな影響を与えるからです。

第二は、各部門の従業員が自らの業務リスクを分析し、それに取り組む責任を担うことです。リスク管理は現場からの発案や情報共有が欠かせません。

最後は、教育を定期的に更新し、組織のリスク状況の変化に合わせて内容を刷新していくことです。従業員の意識やスキルは一朝一夕には向上しません。継続的な改善を心がけることが重要です。

従業員教育で具体的に実施してほしい5項目

①教育の目標を明確にする

まず、教育の目標を明確に設定することが重要です。目標が明確であれば、それに向かって効率的に進むことができます。目標設定はSMARTの法則を使いましょう。

SMARTとは具体的（Specific）、数値化（Measurable）、達成可能（Achievable）、関連性（Relevant）、期限を明確化（Time-bound）という5つの要素で、目標を達成し成功をつかむ5因子とされています。これにより目標を設定し、教育を行いましょう。

②個々の従業員のニーズを理解する

次に、個々の従業員のニーズと能力を理解することが重要です。これにより、個々の従業員に合わせた教育プログラムを提供することができます。また、従業員の成長とスキルの向上を促進するために、定期的なフィードバックと評価も必要です。

③実践的な学習を促す

理論だけでなく、実践的な学習も重要です。新しいスキルや知識を身につけるためには、それを実際の仕事の中で使う機会が必要です。そのため、ロールプレイやシミュレーションなど、実践的な学習方法を取り入れることをおすすめします。

④学習の機会を提供する

従業員が自己啓発をするためには、学習の機会を提供することが重要です。これには、社内研修や外部のセミナー、オンラインコースなどがあります。

また、従業員が自分のキャリアパスを考えて、自己啓発をするための時間を設けることも重要です。

⑤モチベーションを高める

従業員の学習意欲を高めるためには、モチベーションを高めることが重要です。これには、達成感を感じられるような目標設定や、学習の成果を評価して、さまざまな報奨を授けることなどがあります。次の項目で詳しく説明します。

以上のように指導育成する立場のミドルマネージャーにとって、部下の教育は最重要課題の１つです。こうした従業員教育を通じて、ミドルマネージャーは、自部門はもとより、組織全体のリスク管理能力の向上にきっと大きく貢献することができます。

複雑化するリスクに対処し、企業価値を守るという重責を担うミドルマネージャーにとって、部下教育は欠かすことのできない重要な業務の１つなのです。

5　部下のモチベーションを保つ

ミドルマネージャーとして部下のモチベーションを保つには、次の点が重要だと思います。

部下のモチベーションを保つには

まず大切なのは、部下１人ひとりとコミュニケーションを密に取ることです。日頃から部下の状況を把握し、悩みやストレスがないか確認するように心がけましょう。ストレスが高まっている場合は、その原因を探り対応策を考えることが大切です。

次に、部下の成長を応援することも大切です。部下の能力や適性に応じて、ステップアップできる機会を提供したり、必要な教育訓練を受けられるよう配慮したりすることで、部下は自分の成長を実感できます。その結果、仕事へのモチベーションが高まります。

加えて、部下のよいところをほめることも大切です。日頃の業務で素晴らしい結果を出したり、他のメンバーを助けたりする場面があれば、積極的に褒めるようにしましょう。認められた実感がモチベーションの向上につながります。

一方で、ミドルマネージャー自身の姿勢も重要です。上司と部下の間に立つミドルマネージャーはストレスが高くなりがちですが、自分のストレスをコントロールすることが部下への配慮につながります。適度な休憩やリフレッシュを取ることを心がけましょう。

また、組織のビジョンや方針を部下にうまく浸透させる役割も担っています。上司の考えを部下にきちんと伝えられるよう、上司とのコミュニケーションも大切です。上司の信頼を得ることが、部下をまとめる力にもつながります。

このほか、職場のチームワーク向上に努めることや、適切な評価・報酬体系を整備することも重要です。部下１人ひとりの働きぶりを公平に判断し、適正に評価することでやる気につなげられます。

部下が働きやすい職場環境づくりや、コミュニケーションの活性化など、ミドルマネージャーに求められる役割は多岐にわたります。部下1人ひとりの個性や能力、置かれた環境を理解したうえで、モチベーション維持に向けてサポートできることが大切です。部下のモチベーション管理がリスク管理に繋がるのです。

モチベーションを上げる具体的な方法は

また、ミドルマネージャーとして部下のモチベーションを上げるには、具体的に次の方法があります。

・目標設定と達成感の提供

部下1人ひとりの強みや適性に応じた目標を設定し、目標達成時には適切な評価と報酬を行う。達成感を味わえる機会を提供することで、モチベーションアップにつながる。

・成長支援

部下のスキルアップやキャリア形成を後押しする。教育訓練の機会提供や、上司がメンターとなって日常的に教え導く関係を築く。成長実感がモチベーション維持につながる。

・コミュニケーションの活性化

日常的な声かけや相談機会を確保し、上司と部下の信頼関係を築く。会社の目標や方針の共有を徹底し、自分の役割の大切さを実感してもらう。

・職場環境・福利厚生の整備

快適な職場環境と福利厚生は、会社への帰属意識や満足度を高めモチベーションの源となる。職場設備の改善や、福利厚生制度の拡充に取り組む。

・表彰・報奨制度の実施

業務成果が顕著だった個人・チームを表彰する制度を設ける。報奨旅行の提供などのインセンティブも効果的。やる気スイッチを入れることが可能。

このほか、部下の個性を理解し、尊重し、意見を聞くこと、信頼して任せること、ほめて成長を支援すること、楽しく仕事ができる環境をつくることなど、数々の具体的方法がありますが、こうした取り組みを通じて、部下がやりがいや充実感を感じられる職場づくりをミドルマネージャーは心がけたいですね。モチベーションの源は個人によって異なるので、部下1人ひとりに合わせた施策が必要です。

時代の変化に合わせてリスク管理手法は進化しますが、その基盤を成すのは社員1人ひとりの力です。リスク管理のプロフェッショナルを育成することに力を入れることが、ミドルマネージャーの使命であると言えるでしょう。

1人ひとりを大切にし、自律性と成長を支え、チームの一体感をつくることを心がけてください。それが会社のパフォーマンス向上と部下の幸せにもつながるはずです。

6　多様性を尊重する

多様性と包括性

多様性（ダイバーシティ）とは、個々の人が持つさまざまな特性や背景の違いを指す言葉です。これには性別、年齢、人種、民族性、宗教、障がいの有無、性的指向、教育背景、経験など、人々を構成するさまざまな要素が含まれます。

また、包括性（インクルージョン）とは、それらの多様な特性を持つすべての人々が、組織内で尊重され、価値を認められ、参加や貢献をすることができる環境や文化を指します。

多様性と包括性は今の職場では欠かせません。ミドルマネージャーが企業の中核として、いろいろな背景を持つスタッフの能力を活かし、みんなが活躍しやすい場をつくることが、会社の発展にとって必要不可欠なのです。

環境づくり

多様性を育む明確なルールを設け、それを徹底します。これには、差別やハラスメントを許さないという姿勢も含まれます。また、人材採用の際は多様な人材を引き寄せる方法を取り入れ、公平な選考を心がけましょう。

意思疎通を深める

職場では、多様性についての積極的な意見交換を促し、互いに理解し合うことを心がけましょう。スタッフ同士の学び合いも支援します。また、定期的に多様性研修をして、スタッフの理解を深めましょう。この研修で、異なる文化や背景への理解を促すことになります。

また、自分の考えや価値観が絶対ではないことや他の人の考えを尊重する姿勢を学びましょう。

多様性の促進と維持

多様性を測る基準をつくり、その成果を続けてチェックしていきます。多様性が会社の成績にどう影響しているかを分析します。そして、多様性と包括性の取り組みを常に見直し、よりよく進みます。

スタッフの意見を取り入れ、必要に応じて取り組み方を整えましょう。

多様性の問題への対応

もし、多様性にまつわる問題が起こった場合は、すぐに適切に対応することが大事です。問題の根本的な原因を把握し、包括的な解決策を見つけます。多様性にかかわる対立があれば、公正で透明性のある方法で解決を目指します。異なる意見も尊重し、話し合い、理解に基づいた解決をめざしましょう。

多様性の取り組みを続ける

多様性と包括性は、企業文化の一部となるべきです。長期的な計画に沿って、これらの価値を会社全体に根づかせなければなりません。ミドルマネージャーは、多様性と包括性に関するリーダーシップを発揮し、自らが模範を示すことが求められます。

中心的な役割を担うのはミドルマネージャー

ミドルマネージャーは、組織の多様性と包括性を育成するうえでの中核的な役割を担わなければなりません。包括的ビジョンを設定し、模範として行動し、オープンな組織を目指すべきだと思います。

そのためにはコミュニケーションを促進し、絶えず学び、人的リソースを見直し、多角的に考え、意思決定を行います。また、定期的な評価により改善を図り、差別に対しては厳しく接し、密なコミュニケーションにより社員の理解と尊敬を深めます。

こうした活動を通じて、すべての従業員が多様性と包括性を職場文化の一部として受け入れるよう導きます。

多様性を尊重し、包括的な職場を築くためには、みなさんの言動がとても重要です。多様性を組織の中心に置くことで、生産性の向上、創造性の豊かさ、よりよい意思決定、従業員の満足度向上などの恩恵をもたらすとされています。

DIVERSITY

7　組織を破壊するハラスメント

ハラスメントは大きなリスク

ハラスメントとは、意識の有無にかかわらず、特定・不特定多数を問わず、相手の嫌がることをして不快感を覚えさせる行為全般のことです。発言・行動によって他人を不快にさせたり、不利益を与えたりするなど、個人の尊厳や人格を不当に傷つける行為全般がハラスメントに含まれます。嫌がらせ、いじめ、人権侵害に関与する恐れがあり、組織としては従業員のメンタルヘルス不調、モチベーション低下、退職、最悪なケースでは自殺につながる恐れがあります。

ハラスメントはさまざまな形で存在します。パワーハラスメント（パワハラ）、セクシャルハラスメント（セクハラ）、マタニティハラスメント（マタハラ）、アルコールハラスメント（アルハラ）など、その範囲は広大です。現在では、職場だけでも40種類以上のハラスメントが存在するとも言われています。ハラスメントが起こる根底には、「尊重の欠如」という問題が常に横たわっています。

前項の多様性の尊重と同じように、ミドルマネージャーとして大切なのは、すべての社員が互いを尊重する文化をつくることです。尊重の文化を育むためにまず必要なのは、ハラスメントの定義とそれが職場に及ぼす悪影響を全員が理解することです。

ハラスメントは職場における大きなリスクの1つであり、その管理はミドルマネージャーの大きな役割となっています。昔は法律も指針もなく、ハラスメント行為が横行していましたが、時代は大きく変わったのです。

では、ミドルマネージャーがリスク管理としてハラスメントにどのように向き合うべきなのでしょうか。主にパワハラとセクハラについて述べていきましょう。

パワーハラスメント（パワハラ）

大企業は2020年6月から、中小企業は2022年4月から、法改正により職場におけるパワハラ防止対策が事業主の義務になりました。

パワハラとは次の3要素が、すべて満たすものをいいます。

①優越的な関係を背景にした言動

地位が上位のものから下位へのものだけではなく、経験や知識などで優越的な者からそうでない

者への言動、集団による行為も該当する。

②業務上必要かつ相当な範囲を超えたもの

社会通念に照らし、範囲を超えている。

③労働者の就業環境が害されるもの

平均的な労働者の感じ方により、身体的または精神的な苦痛により不快になり、看過できない重大な悪影響が生じる状態。

なお、客観的に見て、業務上必要かつ相当な範囲での適正な業務指示や指導は、パワハラには該当しません。

また、パワハラのタイプは6つに分類されます。

①身体的攻撃（暴行・傷害）
②精神的攻撃（脅迫・暴言など）
③人間関係の切り離し（隔離、仲間外れ、無視）
④過大な要求（能力や経験とかけ離れた程度の高い業務を強制、個人的な雑用を強制する）
⑤過小な要求（能力や経験とかけ離れた程度の低い業務を強制、仕事自体をさせない）
⑥個の侵害（私的なことに過度に立ち入る）

ミドルマネージャーはパワハラの加害者にも被害者にもなる可能性があります。そこで、次のようなことに注意してください。

【パワハラを起こさないため起こさせないために】

- パワーハラスメントの内容や要因について十分に理解する
- 自らの行為がパワーハラスメントとなっていないか注意する
- 隠れたパワーハラスメントがないか、周囲のメンバーの変化に注意する
- 上司・部下、従業員同士のコミュニケーションを活性化させる
- 日常的な会話を心がける
- 定期的に面談やミーティングを行う
- 上司や同僚からパワーハラスメントを受けたと感じたら、1人で悩まないで、周囲の人や相談窓口に気軽に相談してみる
- 部下が悩んでいたら、事情を聴き、助言や指導を行い、相談窓口の利用も促す
- 自分の感情をコントロールするスキルを身につける
- 自分の感情に気付く（怒り、怖れ、悲しみ、焦り、妬み……）
- 相手への接し方を工夫する
- 不要な誤解を招かないコミュニケーションを心掛ける

（厚生労働省資料「職場でのハラスメントの防止に向けて」を加工）

セクシャルハラスメント（セクハラ）

セクハラについても法律が改正されて、防止対策が強化されています。

職場におけるセクハラとは、職場において行われる労働者の意に反する「性的な言動」に対する労働者の対応により、その労働者が労働条件について不利益を受けたり、「性的な言動」により職場環境が害されたりすることをいいます。職場環境が「不快なもの」になったために労働者が就業するうえで見過ごすことができない支障が生じることです。

職場におけるセクハラは、異性に対するものだけではなく、同性に対するものも含まれます。また、被害を受ける人の性的指向や性自認にかかわらず、「性的な言動」であればセクハラに該当します。

セクハラには２つのタイプがあります。

①「環境型」のセクハラ

上司や同僚の性的言動によって労働環境が不快になり、特定個人の能力の発揮に悪影響が出てしまうものです。

②「対価型」のセクハラ

地位利用型ともいいます。労働条件の不利益を受けるものです。

■セクハラ発言例

セクハラの発言例は、次のとおりです。

下ネタや猥談が頻繁に出る、個人的な性的体験を話す、スリーサイズなど身体的な特徴を話題にする、性的な噂を立てる、性的なからかいの対象とする、「男のくせに根性がない」「女には仕事を任せられない」などと発言する、「おじさん」「おばさん」「お嬢ちゃん」「お坊ちゃん」など人格を認めないような呼び方をする、性的指向や性自認をからかいやいじめの対象としたり、性的指向や性自認を本人の承諾なしに第三者に漏らしたりするなど。

■セクハラ行動例

食事やデートにしつこく誘う、身体に不必要に接触する、性的内容のメール・電話・手紙を送る、性的関係を強要する、女性というだけでお茶くみ、掃除などをさせる、酒席で上司の側に座席を指定したり、お酌を強要するなど。

セクハラは、女性から男性に対してだけでなく、その逆もあり、同性同士でも起こります。

場所的・時間的範囲もありません。判断は、基本的に受け手が不快か否かによります。

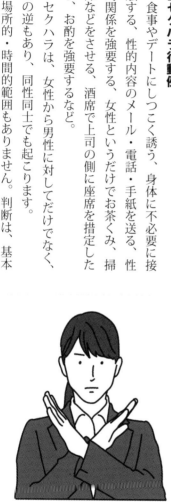

【セクハラを起こさない起こさせないために】

●性に関する言動に対する受け止め方には個人差があり、セクハラに当たるか否かについては、相手の判断が重要。

①親しさを表すつもりの言動であっても、本人の意図とは関係なく相手を不快にさせてしまう場合がある。

②不快に感じるかどうかは個人差がある。

③この程度のことは相手も許容するだろうという勝手な憶測をしないようにする。

④相手との良好な人間関係ができているという勝手な思い込みをしないようにする。

●相手が拒否し、または嫌がっていることがわかった場合には、同じ言動を決して繰り返してはいけない。

●セクハラであるかどうかについて、相手からいつも意思表示があるとは限らない。

（セクハラを受けた者が、職場の人間関係等を考え、拒否することができないこともある）

●場所が社外でも、職場の人間関係がそのまま持続する歓迎会の酒席のような場で、セクハラは起こる可能性がある。

●従業員間のセクハラだけに注意するのではなく、取引先など社外の人に対する言動にも注意する。

（厚生労働省資料「職場でのハラスメントの防止に向けて」を加工）

パワハラ、セクハラ、マタハラなどすべてのハラスメントついて、ハラスメントが何であるかを明確にし、それが個人の尊厳や業務にどのような影響を及ぼすのかを深くわかっていないといけません。これにより社員1人ひとりが、自分の行動が他人にどのように影響するかを意識するようになります。

また、ハラスメントが起こった場合には素早く対処することが重要です。放置してはいけません。早期発見、早期対処が被害の拡大を防ぎます。

そのためには、ミドルマネージャーには、部下の様子に気を配り、異変に気づいたらすぐに声をかけるという、積極的な役割が求められます。

そして何より、ミドルマネージャー自体がモデルとなって、いい人間関係をつくっていくことが重要です。部下に対するオープンで正しいコミュニケーションを通じて、「尊重の精神」を具体的に示すことで、ハラスメントを未然に防ぐことが可能となります。

自分自身が加害者になることは言語道断です。

組織が健全に機能し続けるためには、ハラスメントというリスクを管理し、社員1人ひとりが互いを尊重し合う文化をつくり上げることが不可欠です。ミドルマネージャーは大きな役割を担っており、その行動1つひとつが組織全体の雰囲気を左右します。

リスク管理の一環として、ハラスメントを未然に防ぐために積極的に取り組むことがミドルマネージャーには求められています。

8　雇用・解雇のポイント

雇用と解雇

雇用と解雇は組織運営の根幹をなす要素であり、ミドルマネージャーはこれらのプロセスを公正かつ効果的に管理する責任があります。正しいアプローチを取ることで、組織の健全性を維持し、法的リスクを最小限に抑えることができます。

雇用と解雇は、ミドルマネージャーにとってリスク管理面でも非常に大きな業務であることは言うまでもありません。例えば、不適切な雇用や解雇を行えば、法的トラブルを引き起こす可能性があり、差別訴訟、不当解雇訴訟、ハラスメント訴訟などがこれに当たります。一度これらの訴訟になれば、財政的なダメージだけでなく、組織の評判にも大きなダメージとなります。

雇用と解雇のプロセスに公正さと透明性が欠けると、従業員の士気が下がり、結果的に生産性に影響を及ぼす可能性があります。公平であり、透明さがあると、労働者のモチベーションと満足度を高め、組織の生産性と効率を向上させるのです。

雇用は公平に法令遵守で

まず雇用面では、採用基準を明確に定め、それに基づいて面接などを公平に行うことが大切です。

雇用に関するすべての法的要件と規制を遵守することが必須です。性別や年齢などで採用を差別することは法律違反につながるため、細心の注意が必要です。

面接では採用の可否に関わらない個人的な質問は避けなければいけません。技術的スキルだけでなく、組織の文化に適合するかどうかも重要なポイントです。

採用後は、労働条件を書面で明示する義務があります。給与や休暇、勤務時間などの条件をはっきり示すことで、後からのトラブルを防ぐことができます。

また、新入社員は職場環境への適応が大変なので、丁寧な指導とフォローを心がけることが大切です。

解雇は客観的理由が不可欠

次に解雇については、客観的な理由を示せることが必要不可欠です。成果不足や能力の限界など、具体的事例を挙げることで、解雇の妥当性を説明できるようにしましょう。

解雇する際には、就業規則に定められた手続を厳格に踏むことが重要です。理由の説明や予告期間の確保など、すべてのプロセスを正しく実施しましょう。労使協定などで定められた基準も確認する必要があります。

また、ハラスメントなどの人権侵害が原因で退職する場合も、実質的には解雇に値します。ハラスメント被害などを訴えられるリスクに注意が必要です。

解雇のリスクには法的リスクのほか、信頼の損失や企業ブランドの損傷も考えられ、適切な対応が求められます。

面談の際は証拠となる書類をそろえ、第三者を同席させるなどしてオープンに進めましょう。感情的なやりとりは避け、円滑な退職手続を心がけることが大切です。特に法的なリスクを考慮して慎重に行われるべきで、必要に応じて、法務部門や外部の弁護士、社会保険労務士などの専門家のアドバイスを求めてください。

これまで述べたように、目の前にいる人を採用するのか、あるいはあいにく解雇しなければならないのかを決めるとき、公平に、そして法律をきちんと守ることが最も大切です。もし不適切な方法で採用や解雇をした場合、会社は法律的な問題に巻き込まれ、お金を失ったり、会社の評判を傷つけるというリスクがあります。

このほか、職場の雰囲気をよくすることも重要です。働く人々は公平に扱われていると感じることで、働きやすい環境が生まれます。それが、自分たちの努力や結果がきちんと評価される、という安心感につながります。それがよい職場環境をつくる1つの要素で、結果的には皆がよりよい仕事をするきっかけとなるのです。

このように雇用と解雇には多くのリスクが伴います。法令と企業倫理の両方を遵守し、人権意識を持って対応することが、ミドルマネージャーに求められます。

雇用と解雇もリスク管理の1つだと考え、細心の注意が必要になるのです。

9　リーダーとしての心得

リーダーに必要な5つの重要ポイント

リーダーとして成功するための心得は多岐にわたりますが、中でも重要なのは、ビジョンと目標の設定、コミュニケーションの充実、チームメンバーの成長支援、チームワークの強化、成長志向の文化醸成の5点です。

①ビジョンと目標の設定

まず、自部署のビジョンを明確にし、その実現に向けた具体的な目標を設定することが求められます。ビジョンとは、組織が目指す理想的な将来像です。リーダーは部下とともに、自部署がどのような存在でありたいかを描くことから始める必要があります。ビジョンは抽象的な概念だけでなく、具体的な姿を明確に示すことが大切です。例えば、顧客満足度No．1のサービスを提供する、最先端の技術開発を行う、社会に新たな価値を提供するといった明確な姿を描くことが重要です。

ビジョンを実現するためには、そこから導き出される具体的な目標を設定しなければなりません。目標は、期限、数値、行動といった具体性を持ったものである必要があります。目標設定では、定期的な進捗の共有と建設的なフィードバックが欠かせません。目標の達成状況を評価し、必要に応じて目標そのものを修正する柔軟性も必要です。目標管理は、単に上から指示するのではなく、部下との対話を通じて、目標へのオーナーシップを高めることが大切です。

ビジョンと目標があれば、部下は自分の業務が組織の方向性にどう結びつくのかを認識しやすくなります。仕事に対する意義や価値を感じられるようになるため、動機づけにもつながります。同時に、目標達成に向けて部下がどのように貢献できるかを考えるきっかけにもなります。ビジョンの実現は個人の力では不可能で、チームとして協力することが必要不可欠なのです。

②コミュニケーションの充実

次に重要なのが、部下とのコミュニケーションです。リーダーは部下との対話を大切にし、意見交換を活発にする必要があります。相手の意見を傾聴し、丁寧に聞き、自分の考えも積極的に伝えることで、お互いの理解が深まります。また、部下の取り組みに対しては、褒めるポイントと改善点を明確に伝えるなど、建設的なフィードバックを欠かさないことが重要です。

フィードバックを通じて、部下は自身の長所と短所を認識し、次の行動改善につなげることができます。リーダーには、部下の仕事に関する正直な意見を遠慮なく伝える勇気が求められます。

一方で、フィードバックは部下を傷つけないように注意深く行うことも大切です。相手の気持ちに立って、建設的な助言となるよう配慮することが重要です。非難ばかりしていては、部下はモチベーションが下がってしまいます。

また、リーダーは部下を尊重する姿勢を示すことも忘れてはいけません。相手の人格や個性を大切にし、仕事上の助言も人格を否定するものとして受け止められないようにすることが必要です。互いを尊重する関係性が信頼感につながり、自由な意見交換ができます。

③チームメンバーの成長支援

さらに、教育機会の提供や能力開発の支援などを通じて、部下1人ひとりの成長をバックアップすることもリーダーには求められます。リーダー自身がすべての業務をこなすのではなく、部下の自立を促進する必要があります。そのためには、部下の適性と意欲に応じて、自己研鑽の時間を十分に確保することが望まれます。

部下には仕事上必要な知識やスキルの習得を促すとともに、自己啓発の機会を提供することが重要です。例えば、社外セミナーへの参加支援、専門書の読書を奨励するなど、各人の適性に合わせた成長支援を行うことが求められます。部下の成長こそが、リーダーにとっての喜びでもあるはずです。

④チームワークの強化

また、共通目標の設定やコミュニケーションの活性化を通じて、チームとしての一体感と協調性を高める工夫も重要です。目標を個人のものとしてではなく、チームの目標と位置づけることで、「個人戦」から「団体戦」への意識改革を促します。部下１人が個人技に優れていても、組織の成果は上げられないのです。掲げた目標に到達するにはチーム全員の力が必要です。

その上で、チーム内での意見交換や知識共有を活発にすることで、お互いへの理解が深まります。メンバーの多様な強みや個性、価値観を理解し合うことが、チームとしての力を最大限に発揮するためには欠かせません。リーダーは、メンバーの専門性を活かす役割分担と連携体制の構築に尽力する必要があります。

⑤成長志向の文化生成

最後に、リーダーには、失敗を恐れずに新しいことにチャレンジできる文化を部内に浸透させることも求められます。リーダー自身がチャレンジ精神を体現し、率先垂範することが必要不可欠です。失敗しても前向きに次に生かす、挑戦する価値があると判断したことは粘り強く取り組む、といった姿勢を日頃から示すことが重要です。

また、部下の新しいアイデアを歓迎し、実行を支援することも重要な役割の１つです。アイデアが実現できなくても、その意欲や挑戦する心をねぎらうなど、成果に関わらず前向きなプロセスを評価することが大切なのです。

この５つのスキルや資質を持つことで、リーダーはチームや組織を効果的に指導し、成果を上げることができます。ただ、継続的な自己啓発や経験の積み重ねも大切になります。

第3章　組織のリスク対策

1　組織の文化を理解する

リスク管理において、組織の文化を深く理解することは、その成功の鍵となります。組織文化とは、その企業やチームが共有する信念、価値観、慣習、行動様式を総称するものです。これを理解し、尊重することで、リスク管理のプロセスをスムーズに、かつ効果的に進めることができます。

組織文化を理解するために

組織文化を理解するための第一歩は、その組織がどのような価値を重んじ、どのような行動様式を奨励しているかを観察することです。これには、従業員の日常の行動、意思決定のプロセス、さらには組織の歴史や逸話にまで目を向けることが含まれます。例えば、過去の危機や成功の背景にある決定や行動から、その組織の根底にある価値観や信念が見えてきます。

また、理解する過程で重要なのは、従業員1人ひとりの声に耳を傾けることです。彼らの日々の経験や感じていることを聞くことで、組織文化のより深い層が明らかになります。従業員にオープンな質問をすることで、彼らが何を大切にしているか、または何に懸念を抱いているかを理解することができます。

一方では、組織文化が変化することも考慮する必要があります。市場の変化、組織内の人材の変動、技術の進歩などにより、組織文化は進化し続けます。したがって、リスク管理戦略をつくる際には、現在の文化だけでなく、将来的な変化にも目を向けることが重要です。

また、リスク管理を考えることにおいて、組織文化の理解が特に重要になります。その組織の文化がリスクに対する認識や反応に影響するからです。例えば、チーム内での失敗に対する寛容度が高い組織文化では、リスクを取ることが奨励されるかもしれません。一方で、失敗に厳しい文化では、従業員はリスクを避ける傾向がより強くなるでしょう。これらの文化的要素を理解することで、リスク管理のアプローチをより効果的にすることが可能になります。

組織のリーダーシップも不可欠です。リーダーは、組織の価値観や信念を体現し、それを従業員に示す役割があります。リーダーが示すモデル行動は、組織文化を形つくる上で非常に影響力があります。したがって、リーダーは、リスク管理のプロセスにおいて、組織文化を適切に反映し、それを強化する責任があります。

最終的に、組織の文化を理解することは、リスク管理を単なるプロセスではなく、組織全体の取り組みとして位置づけることにつながります。これにより、リスク管理はより効果的で、組織に根差したものとなります。

組織の文化を深く理解し、それをリスク管理に組み込むことで、リスクに対する組織全体の準備と対応能力が高まります。これは、ミドルマネージャーにとって重要な役割であり、彼らが組織文化を正しく把握し、それに基づいてリスク管理戦略を策定することが、組織の成功への鍵となります。組織の文化を理解することは、ミドルマネージャー自身の成長にもつながります。

組織文化を理解するメリット

では、組織の文化を理解することで、どういうメリットがあるのでしょうか。次の5つのメリットが考えられます。

①組織の目標や方向性に沿った行動ができる。
②組織の強みや弱みを把握し、改善策を考えることができる。
③組織内外の関係者とのコミュニケーションがスムーズになる。
④組織の変化に対応しやすくなる。
⑤組織の一員としての帰属感や誇りが高まる。

組織の文化を理解する方法とは

組織の文化を理解するためには、次の5つの方法があります。

①組織の歴史や背景、ビジョンやミッション、戦略や方針などを学ぶ。
②組織のリーダーや先輩、同僚、部下などとの対話やフィードバックを通じて、組織の価値観やルール、慣習などを知る。
③組織の業務やプロセス、成果や評価、報酬や福利厚生などを分析し、組織の特徴や傾向を把握する。

④組織の成功事例や失敗事例、ベストプラクティスやワーストプラクティスなどを参考にし、組織の学習能力や革新性を評価する。
⑤組織の外部環境や競合他社、顧客や取引先などとの比較や交流を通じて、組織の強みや弱み、機会や脅威を認識する。

組織の文化を理解することは、ミドルマネージャーの役割を果たす上で不可欠です。組織の文化を理解し、それに応じて自分や部下の行動を調整することで、組織の目標達成に貢献することができます。

また、組織の文化を理解し、それを変える必要がある場合は、組織の変革のリーダーになるでしょう。組織の文化を理解することは、ミドルマネージャー自身の成長にもつながります。

2　プロジェクトの成功の秘訣

プロジェクトとは

プロジェクトとは、一定の期間と予算の中で、特定の目的を達成するために行われる活動のことです。プロジェクトは、複数の人や組織がかかわり、さまざまな課題や変化に対応しながら進められます。そのため、プロジェクトを成功に導くためには、高いマネジメント能力が求められるのです。この成功は、優れたリスク管理から生まれます。成功の鍵は、明確な目標設定と、それに対するリアルな計画立案にあります。

また、プロジェクトの成功は、単に優れたアイデアやリソースの有効利用だけではなく、効果的なリスク管理が必要となります。そして、計画的かつ戦略的なアプローチによって成功に至るのです。

明確な目標設定

成功するプロジェクトの第一歩は、明確な目標の設定から始まります。目標は具体的、達成可能、かつ測定可能である必要があり、プロジェクトチーム全員が共有するビジョンに基づいているべきです。目標が明確であればあるほど、プロジェクトの方向性を正確に決定し、適切なリスク管理戦略を立てることが可能になります。

プロジェクトの目的は、次のような手順を踏むことで明確化できます。

①プロジェクトの背景や課題を分析する
②プロジェクトの目標をＳＭＡＲＴの法則（＊）を使って設定する
③プロジェクトの目的や範囲を定義する
④プロジェクトの目的を文書化し、関係者に共有する

＊ＳＭＡＲＴの法則とは、目標のつくり方のこと。ＳＭＡＲＴとは、Specific：「具体的、わかりやすい」Measurable「計測可能、数字化」Achievable:「同意、達成可能な」Relevant:「関連性」Time-bound:「期限明確」それぞれの頭文字を取った言葉で、これら5つの要素は、目標を達成し成功をつかむための5因子とされている。

明確なタスクと詳細な計画立案

目標設定に続いて、実行可能な計画の立案が必要です。プロジェクトの各ステージにおけるタスク、期限、責任者を明確にすることで、進行中の透明性を保ち、遅延や資源の浪費を防ぎます。また、計画には柔軟性を持たせ、予期せぬ変更に対応できるようにすることが重要です。

次のような手順で計画を立案しましょう。

①プロジェクトの全体的な流れや工程を把握する
②プロジェクトの各工程に必要なタスクやリソースを洗い出す
③タスク間の依存関係や前提条件を整理する
④タスクの見積もりや優先順位を決める
⑤タスクの担当者や期限を割り当てる
⑥タスクとスケジュールを表現するツール（例えばガントチャート）を作成する
⑦タスクとスケジュールを定期的に確認し、必要に応じて修正する

リスク管理とコミュニケーションの強化

プロジェクトの各段階で潜在的なリスクを特定し、それに対する対応策を準備することが不可欠です。リスク評価は、可能な限り幅広い視野で行い、さまざまなシナリオを想定することが重要です。リスクには技術的なものから、人的なもの、あるいは市場や環境に関連するものまで多岐にわ

たります。これらを適切に管理することで、プロジェクトは予期せぬ障害にも柔軟に対応できるようになります。

そして、プロジェクト成功のためには、効果的なコミュニケーションも不可欠です。プロジェクトチーム内での透明な情報共有は、全員が同じページにいることを確実にし、リスクに対する迅速な対応を可能にします。

また、プロジェクトのステークホルダーとの定期的なコミュニケーションを保つことで、期待の管理とサポートの確保が行えます。

コミュニケーションスキルを身につけるためには、次の6つのポイントを意識しましょう。

①相手の立場や状況を考える
②相手の話に耳を傾ける（傾聴）
③自分の考えや感情を明確に伝える
④ロジカルに説明する
⑤フィードバックを求める
⑥確認や確約を取る

チームマネジメント

プロジェクトの成功は、チームメンバー全員の協力によって支えられています。それぞれのメンバーの強みと弱みを理解し、効果的に役割を割り当てることが重要です。チーム内での信頼と協力は、困難な状況に直面した際にも、プロジェクトを前進させ続ける力となります。その際、プロジェクトの各段階で潜在的なリスクを特定し、予防措置や対応計画を準備してください。

成功するプロジェクトは、リスクを回避するのではなく、リスクに立ち向かい、適切に管理することが重要なのです。これには、チームメンバー全員の協力が不可欠です。透明性を保ち、定期的なコミュニケーションを通じて、リスク管理の意識をチーム内に浸透させることが、プロジェクト成功の秘訣なのです。

チームマネジメントを行うためには、次の６つのポイントが大切です。

①プロジェクトのメンバーの役割や責任を明確にする
②プロジェクトのメンバーの能力や特性を把握する
③プロジェクトのメンバーの期待や目標を共有する
④プロジェクトのメンバーの意見やフィードバックを聞く
⑤プロジェクトのメンバーの成果や貢献を評価し、認める
⑥プロジェクトのメンバーの関係や雰囲気を良好に保つ

プロジェクトの成功の秘訣として、目標の明確化、タスクと計画立案、リスク管理とコミュニケーション強化、チームマネジメントについて紹介しました。これらの要素は、プロジェクトの進め方や内容によって異なる場合もありますが、基本的な考え方として、参考にしてください。

プロジェクトを成功に導くために最も大切なのは、これらの要素をバランスよく実践することです。

3　社内コミュニケーションの強化

社内コミュニケーション強化が課題

社内コミュニケーションは、組織の目標達成や業務効率、従業員のモチベーションや満足度などに大きな影響が出ると言われており、多くの組織で課題となっています。特に、ミドルマネージャーは、経営層と現場の社員の橋渡しとして、社内コミュニケーションの重要な役割を担っています。ミドルマネージャーが社内コミュニケーションを強化することで、組織のリスク対策にも貢献できるのです。

効果的なリスク管理には、社内コミュニケーションの強化が欠かせません。社内コミュニケーションの強化は、リスク管理を成功に導くための重要な要素なのです。効果的なコミュニケーションは、情報の透明性を高め、リスク対応の迅速化と精度の向上を実現するわけです。

効果的なコミュニケーション方法

まず、コミュニケーションは透明性が大事です。透明性は信頼と安心感をつくります。透明性のあるコミュニケーションを行うためには、情報の隠蔽や一部の人だけの共有を避け、全従業員が必要な情報にアクセスできるようにすることが重要です。例えば、定期的なミーティング、社内報やメールによる情報の発信、そしてオープンな質疑応答の場の設定などが考えられます。

さまざまなコミュニケーション方法を使うことも社内コミュニケーションの強化につながります。例えば、対面会議、メール、社内ＳＮＳ、ビデオ会議などです。各方法の特性を理解し、目的に応じて最適な手段を選択することが重要です。例えば、緊急性の高い情報は即時性が求められる方法やツールを通じて共有し、詳細な議論が必要な場合は対面会議やビデオ会議を利用します。

公式な会議や報告のほかに、職場内の非公式なコミュニケーションも大切です。非公式な機会は、従業員がよりリラックスして意見を交換でき、創造的なアイデアや潜在的な問題の早期発見につながります。休憩室の環境を改善する、カジュアルなコーヒーミーティング、社内イベントなどが非公式なコミュニケーションを促進するものです。

フィードバック文化の構築

効果的なコミュニケーションには、双方向性が不可欠です。従業員からのフィードバックを積極的に求め、それを真摯に受け止める文化を構築することがミドルマネージャーには重要です。これにより、従業員は自らの意見が組織にとって価値あるものと認識されると感じ、より積極的にコミュニケーションに参加するようになります。

一方的に情報を伝えるだけでなく、相手の反応やフィードバックを受け取り、対話や議論を行ってください。

双方向コミュニケーションを実施することで、情報の正確性や理解度を高めることができます。また、双方向コミュニケーションを実施することで、従業員の関心度や参加意識を高めることができます。

全従業員のコミュニケーションスキルの向上

従業員のコミュニケーションスキルの向上も、社内コミュニケーションの強化につながります。これには、効果的な聞き方、明確な表現、適切なボディランゲージなどが必要となります。研修などのトレーニングプログラムやワークショップを通じて、これらのスキルを高めることができます。

また、明確で簡潔な表現をすることもスキルの1つです。明確で簡潔な表現をすることとは、伝えた

い内容や要点をはっきりと言葉にすることです。明確で簡潔な表現をすることで、相手に情報を正しく伝えることができ、相手の注意や興味を引くことができるのです。

社内コミュニケーションの強化は、リスクを正確に特定し、迅速に対応するために不可欠となります。組織全体で透明性の高い、効果的なコミュニケーションが行われることで、リスク管理はより効率的かつ効果的になり、組織の全体的なパフォーマンスの向上につながるのです。

コミュニケーションの強化には、定期的な会議、報告システムの整備、そして非公式な対話の場の提供が必要です。これにより、従業員はリスクに関する懸念やアイデアを自由に表現できるようになり、組織全体としてのリスク意識が高まります。

つまり、経営層から従業員まで、全員がコミュニケーション強化方策に参加することが、リスク管理の効果を高めることになります。

4　チームのハーモニーを保つ

チームのハーモニーとは

リスク管理において、チームのハーモニーは非常に重要です。チームメンバー間が良好な関係になると、困難な状況に直面した際に絶大な効果をもたらすのです。ハーモニーを保つためには、相互尊重と信頼の文化を育成することが重要です。チームメンバーが互いの意見を価値あるものとして扱い、異なる視点を受け入れる環境をつくることで、より幅広いリスク対策が可能になります。また、定期的なチームビルディング活動や、フィードバックの機会を設けることも、ハーモニーの維持には欠かせません。チームが一丸となってリスクに立ち向かうことで、組織のリスク管理能力は大きく向上していきます。

チームのハーモニーは、効果的なリスク管理とプロジェクト成功のための基盤です。チームメンバー間が良好な関係になると、コミュニケーションの効率が高まり、リスクに対し、迅速かつ柔軟な対応ができます。

チームのハーモニーが期待できる効果

①コミュニケーションが円滑になり、ミスやトラブルを防ぐことができる
②チームメンバーのモチベーションやエンゲージメントが高まり、生産性や創造性が向上する
③チームメンバーのストレスや不満が減り、離職率や欠勤率が低下する
④チームメンバーの多様性や個性を活かし、イノベーション力や競争力を高めることができる

相互理解と尊重の促進

チームハーモニーの基礎は、メンバー間の相互理解とリスペクトにあります。異なるバックグラウンドやスキルセットを持つメンバーが1つのチームで協力する際、お互いの違いを理解し、リス

ペクトすることが重要です。

チームビルディング活動やワークショップを通じて、メンバー同士の交流を促進し、お互いの強みや働き方を深く理解する機会を設けることが効果的です。

コミュニケーションの強化

チーム内のコミュニケーションを強化することは、ハーモニーの継続維持に不可欠となります。定期的なミーティング、オープンなディスカッション、そして適切なフィードバックの仕組みを通じて、メンバーが自由に意見を交換し、互いの考えを理解できるようにすることが重要です。

また、非公式なコミュニケーションの場を設けることも、関係性を強化し、チームワークを促進します。いわゆる「飲みニケーション」や食事会、レクリエーションでもいいです。チームメンバー同士がお互い話ができる機会を設けることも必要となります。

信頼の構築

チーム内の信頼関係を構築することは、ハーモニーを保つために欠かせません。信頼は、透明性、一貫性、お互いに対する誠実な行動から生まれます。リーダーは、自らが率先してこれらの価値を示し、チームメンバーにも同様の行動を促すべきです。

信頼があるチームは、困難な状況下でも協力し合い、共に解決策を見つけ出すことができます。

意見の相違や衝突した場合のマネジメント

どんなチームにも、意見の相違や問題は避けられません。重要なのは、これらの問題を健全な方法で管理し、解決することです。問題は、オープンで誠実なコミュニケーションを通じて解決されるべきです。

リーダーたるミドルマネージャーは、中立的な立場を保ち、双方の意見を公平に聞き、適切な解決策を導く役割を果たすべきです。

チームの多様性と包括性

チームの多様性を尊重し、すべてのメンバーが自身の意見や能力をチームに対して自由に表現できる環境をつくることが、ハーモニーの保持には不可欠です。多様な視点やアイデアにより、チームの創造性が高まり、より包括的なリスク管理戦略の策定につながります。

フィードバックと評価

定期的なフィードバックと評価は、チームハーモニーの維持に役立ちます。メンバー1人ひとりが自分の貢献を認識し、他のメンバーからの評価を受けることで、モチベーションの向上と個人の成長を促進します。この過程で、ポジティブなフィードバックと建設的な批判のバランスを保つことが重要です。

チームのハーモニーを保つことは、リスク管理だけでなく、プロジェクト全体の成功にもつながります。困難な状況においても、チームが効果的に機能し続けることで良好なチームワークと協力関係を可能にします。

これらは、ミドルマネージャーにとって重要な役割であり、チームハーモニーを保つための努力を怠らないことが、組織全体の成功につながるのです。

ハーモニーを保つための5つの取り組み

これまでのことをふまえると、ミドルマネージャーはチームのハーモニーを保つために５つの取り組みが必要となるでしょう。

①チームのビジョンや目標を明確にし、チームメンバーに共有し、合意を得ましょう。これにより、チームメンバーは自分の役割や責任を理解し、チームに対する帰属感や誇りを持つことができます。

②チームメンバーの能力や適性を把握し、適切な仕事や評価を与えましょう。これにより、チームメンバーは自分の成長や貢献を実感し、チームに対する信頼や尊敬を深めることができます。

③チームメンバーの意見や感情を尊重し、オープンでフェアなコミュニケーションを行いましょう。これにより、チームメンバーは自分の考えや気持ちを表現し、チームに対する安心感や快適さを得ることができます。

④チームメンバーの協力や貢献を認め、適切なフィードバックや報酬を与えましょう。これにより、チームメンバーは自分の仕事やチームの成果に対する満足感や達成感を得ることができます。

⑤チームメンバーの関係性やチームの雰囲気を良好に保つために、定期的なミーティングや懇親会などの活動を行いましょう。これにより、チームメンバーは互いに親しみや理解を深め、チームに対する愛着や楽しさを感じることができます。

チームのハーモニーを保つことは、組織のリスク対策において大変重要です。ミドルマネージャーは、自らのリーダーシップやマネジメントスキルを発揮しながら、ここに掲げた5つの取組みを中心にチームメンバーとの信頼関係を築くことが求められるのです。

5　社内の情報共有

社内の情報共有はリスク管理面でも重要

社内コミュニケーションと関連して、社内での情報共有は、リスク管理と組織効率の向上において極めて重要です。適切な情報共有は、意思決定の精度を高め、従業員間の協力と理解、業務効率の向上、業務の属人化の防止、企業の信頼性の向上など、さまざまなメリットがあります。

しかしながら、社内の情報共有には次のような課題も存在します。

●情報の過不足や重複

●情報の古さや正確さ
●情報の管理や保護
●情報の活用や共創

情報共有5つのポイント

これらの課題を解決するためには、社内の情報共有に適切な仕組みを導入することが必要です。社内の情報共有の仕組みを構築する際には、次の５つのポイントに注意しましょう。

①リーダーを決める

社内の情報共有のルールや方針を決めるためには、全社を統括するリーダーを１人決めて、その指揮の下に進めていくことが効果的です。リーダーには、社内全体を客観的に見ることができる視点や、組織の長期的な成長や運営について理解している人を選ぶとよいでしょう。

②情報の取捨選択ルールやガイドラインを決める

社内の情報共有には、すべての情報を共有するのではなく、業務に必要な情報だけを共有することが重要です。そのためには、情報の取捨選択ルールを決めることが必要です。例えば、「業務に必要な情報であるかどうか」「情報の重要度や緊急度はどれくらいか」「情報の対象者や範囲は誰か」「情報の共有方法やタイミングは何か」などの基準を設定し、社内に周知することが効果的です。

また、情報共有のプロセスと期待される行動に関する明確なガイドラインを設定することも必要かもしれません。これには、取捨選択ルールや共有すべき情報の種類、適切な共有方法、そして期限を設定しておきます。

③形式知と暗黙知を分けて整理する

社内で共有する情報には、マニュアルや顧客情報などのデータ化できる「形式知」と、経験や感覚などの明文化されていない「暗黙知」の2種類があります。形式知は、常に情報を整理・更新して簡潔にまとめることで、共有しやすくすることができます。暗黙知は、一度内部共有的に明文化することで、共有しやすくすることができます。形式知と暗黙知を分けて整理することで、情報の見つけやすさや活用しやすさを高めることができます。

④関係部署間での情報共有を可能にする

社内の情報共有には、自分の部署内だけでなく、他の部署とも情報を共有することが重要です。他の部署と情報を共有することで、業務の連携や協力をスムーズにすることができます。また、異なる視点や知識を持つ人と情報を共有することで、新たなアイデアや解決策を見つけることができることがあります。

関係部署間での情報共有を可能にするためには、社内のコミュニケーションツールや情報共有ツールを活用することが効果的です。情報共有のための適切なプラットフォーム（例：イントラネット、社内SNS、コラボレーションツール）を導入し、従業員が簡単に情報を見つけられるようにすることも必要です。

⑤リアルタイムの情報共有を可能にする

また、リアルタイムで情報を共有することも重要です。リアルタイムで情報を共有することで、情報の鮮度や正確さを保つことができ、迅速な意思決定や対応が可能になります。

リアルタイムの情報共有を可能にするためには、チャットツールやビデオ会議ツールなどのリアルタイムコミュニケーションツールを活用することが効果的だと言われています。

社内の情報共有は、組織の生産性や競争力を高めるために重要な要素です。社内の情報共有に適切な仕組みを導入することで、業務効率の向上や業務の属人化の防止、企業の信頼性の向上など、さまざまなメリットが得られます。

社内の情報共有の仕組みを構築する際には、紹介した５つのポイントに注意してください。社内の情報共有を効果的に行うことで、組織の成長に貢献できるでしょう。

6　組織の変革を進める

組織の変革は、市場の変化や技術の進展に対応し、競争力を維持するために必要なプロセスです。変革を成功させるためには、戦略的な計画、関係者のコミットメント、そして適応性が求められます。ミドルマネージャーは、経営トップと現場をつなぐ重要な役割を担っているため、組織の変革を進めていくためには、経営トップのビジョンを現場に伝え、理解を得ながら、変革を推進するリーダーシップを発揮することが求められます。

ミドルマネージャーが組織の変革を進める際には、次の3つのポイントを押さえることが重要です。

①経営トップのビジョンと現場の現状を理解する

まず、経営トップが描くビジョンと、現場の現状をしっかりと理解する必要があります。経営トップのビジョンを理解することで、組織が目指す方向性や、そのために必要な変革の方向性が見えてきます。また、現場の現状を理解することでどのような変革が必要なのか、現場の理解や協力を得るためにどのようなアプローチが必要なのかが見えてきます。

経営トップのビジョンを理解するためには、経営トップとの直接的なコミュニケーションや、経営会議などの資料や議事録を参考にすることが有効です。また、現場の現状を理解するためには、現場の社員と直接話をしたり、アンケートやヒアリングを実施したりすることが有効です。

②変革の必要性を現場に伝え、理解を得る

経営トップのビジョンを理解しても、現場の理解や協力を得なければ、組織の変革は成功しません。そのため、変革の必要性を現場にしっかりと伝え、理解を得ることが重要です。具体的には、次の方法が考えられます。

●変革の目的や背景、必要性を説明する
●変革によって実現されるメリットを具体的に示す
●変革によって発生するデメリットやリスクを共有する
●現場の意見や要望を積極的に聞く

変革の目的や背景、必要性を説明する際には、具体的なエピソードやデータを交えて、現場の社員が理解しやすいように説明することが重要です。また、変革によって実現されるメリットを示す際には、現場の社員の立場に立って、具体的なメリットを示すことが重要です。

変革によって発生するデメリットやリスクを共有する際には、事前に対策を検討しておき、現場の社員に安心感を与えることが重要です。現場の意見や要望を積極的に聞く際には、現場の社員の意見を真摯に受け止め、変革に反映していく姿勢を見せることが大変重要です。

③変革を推進するリーダーシップを発揮する

変革を成功させるためには、ミドルマネージャー自身が強いリーダーシップを発揮する必要があります。具体的には、次のことに取り組むことが重要です。

●ビジョンや目標を明確にし、メンバーに共有する
●変革の必要性を説き、メンバーのモチベーションを高める
●変革の過程で発生する課題や問題を解決する

●変革の成果を評価し、メンバーの成果を称える

ビジョンや目標を明確にする際には、経営トップのビジョンを踏まえながら、現場の社員が納得できるようなビジョンや目標を策定することが重要です。変革の必要性を説く際には、現場の社員の不安や懸念を払拭し、変革への意欲を高めるように説くことが重要です。

変革の過程で発生する課題や問題を解決する際には、現場の社員の意見やアイデアを積極的に活用し、解決策を検討することが重要です。変革の成果を評価する際には、メンバーの成果を具体的に評価し、モチベーションを維持するようにすることが重要です。

組織の変革　具体的な方法

ミドルマネージャーがこれらのポイントを押さえることで、組織の変革を成功に導く可能性が高まります。具体的な方法としては、次のようなものが挙げられます。

・変革のプロジェクトチームを立ち上げ、メンバーの参画を得る

変革を成功させるためには、現場の社員の参画が不可欠です。そのため、変革のプロジェクトチームを立ち上げ、現場の社員をメンバーとして参画させることが有効です。プロジェクトチームでは、変革の目的や目標、スケジュール、実行計画などを策定していきます。

・現場の意見やアイデアを積極的に収集し、変革に反映する

変革を現場のニーズに沿った形で進めていくためには、現場の意見やアイデアを積極的に収集し、

変革に反映することが重要です。

・変革の必要性の認識

①市場と環境の分析

組織が直面している外部環境の変化を分析し、それに応じた変革の必要性を認識します。これには、市場のトレンド、競合他社の動向、技術革新などがあります。

②内部環境の評価

組織内のプロセス、文化、構造を評価し、改善や変革が必要な領域を特定します。

・変革の計画

①明確なビジョンの設定

変革の目的と目標を明確に定義し、それを組織全体で共有します。ビジョンは、変革の方向性を示し、従業員にモチベーションを与えるための重要な要素です。

②戦略の策定

変革を実現するための具体的な戦略と計画を策定します。これには、目標の設定、リソースの割り当て、タイムラインの定義などが含まれます。

・変革の実施

①関係者の巻き込み

変革のプロセスには、経営層から現場の従業員まで、幅広い関係者を巻き込むことが重要です。

関係者の賛同を得るためには、コミュニケーションと透明性が鍵となります。

②教育とトレーニング

従業員が変革に必要なスキルと知識を身につけるための教育とトレーニングを提供します。

・変革の管理と評価

①変革の進行管理

変革プロセスを定期的に監視し、計画に沿って進行しているかを評価します。必要に応じて調整を行い、柔軟に対応します。

②コミュニケーションとフィードバック

変革の進捗に関する定期的なコミュニケーションを行い、従業員からのフィードバックを収集します。これにより、変革の過程を改善し、従業員の不安や抵抗を軽減します。

・変革への適応

①文化と行動の変更

組織文化と従業員の行動を変革のビジョンに合わせて変更します。これには、新しい価値観の導入や行動様式の変更が含まれます。

②持続可能な変革の確立

変革を組織の日常業務に組み込み、持続可能なものにするための仕組みを構築します。

組織の変革は単なる構造的変更ではなく、文化、プロセス、戦略の全面的な見直しが必要となるので、大変挑戦的なものです。
ただ、組織の長期的な成功と持続可能性には不可欠なものです。
効果的な変革管理によって、組織は新しい環境に適応し、成長し続けるのです。

7　従業員の安全と健康

最も重要な課題の1つ

従業員の安全と健康は、企業にとって最も重要な課題の1つです。特に、現場を管理するミドルマネージャーにとって、部下の安全と健康を守ることは大きな責務と言えます。これは法的な義務だけでなく、従業員の満足度や生産性の向上にもつながります。

しかし、時間やコストの制約から、安全より業績を優先せざるを得ないケースもあるでしょう。そんな中で、ミドルマネージャーがどのような視点を持ち、どう行動すべきかを考えてみましょう。

マネージャーの視点と行動

第1に重要なのは、安全がすべてに優先するという強い信念を持つことです。業務上の事故は決して許されず、安全確保のためなら業績目標を下方修正する覚悟も必要です。人命尊重を旨とし、部下の安全を守る使命感を常に感じることが大切です。

次に、現場の実態を正しく把握する努力が欠かせません。作業環境を自ら視察して潜在的リスクを洗い出し、対策を講じることが求められます。データ分析から見えてこない作業現場の実情を掴むことも重要です。

また、部下との対話を大切にし、現場の声に真摯に耳を傾けることもポイントとなります。最前線で働く部下の意見には、貴重な気づきが隠されていることが多いはずです。現場目線での業務改善点を引き出す努力が欠かせません。

さらに、安全教育の充実にも注力することが必要です。作業手順やマニュアルの厳守はもちろん、予兆事故の重要性を訴えるなど、ソフト面での意識啓発に取り組むことも重要です。OJTを含む教育訓練の機会を定期的に設けることが望まれます。

健康面においても、過重労働の弊害を理解し、適正な労働時間の管理を徹底する必要があります。また、メンタル不調への相談体制の整備やストレス軽減のための施策を講じることも欠かせません。部下1人ひとりの心身の健康状態に関心を持ち、必要なサポートを提供することこそが、ミドルマネージャーの大切な役割といえるでしょう。

また、安全重視の組織文化醸成にも尽力することが求められます。自ら笑顔で「お疲れさま」と声をかけるなど、人間性豊かな職場づくりを心がけることも効果的です。

つまり、このような視点と行動を基盤にできれば、ミドルマネージャーが行うべきそのリスク対策も成功に近づくことになるでしょう。

従業員の安全と健康に関するリスク対策

ミドルマネージャーには、業績と安全のバランスを取りながら、部下のケアに真摯に取り組むリーダーシップが問われています。安全最優先の信念を持ち、日々の業務を通じてそれを体現する努力が必要不可欠です。部下の尊い命と健康を守る責任を自覚し、行動することが強く求められます。

従業員の安全と健康に関するリスク対策には、具体的に次のようなものが挙げられます。

①安全衛生管理の強化

労働災害の未然防止や発生時の対応を徹底するために、安全衛生マネジメントシステムを導入し、定期的に監査や改善を行う。

作業環境や機器の安全性を確保し、危険性の高い作業には適切な教育や訓練を行う。

安全衛生に関する法令や規則を遵守し、社内の安全衛生規定や手順を策定し、従業員に周知徹底する。

安全衛生に関する教育や啓発活動を実施し、従業員の安全意識や行動を高める。

②健康管理の強化

定期的な健康診断や人間ドックを実施し、従業員の健康状態を把握し、必要に応じて医療機関の受診や保健指導を行う。

生活習慣病やがん、メンタルヘルスなどの予防や早期発見・治療に取り組み、従業員の健康増進を図る。

長時間労働や過重労働を防止し、労働時間の管理や有給休暇の取得促進を行う。

健康に関する情報や支援制度を従業員に周知し、自律的な健康管理の意識や行動を促す。

③健康経営の推進

従業員の安全と健康を経営戦略の一部として位置づけ、トップダウンで健康経営の方針や目標を策定し、従業員に周知する。

健康経営の推進状況や成果を定期的に評価し、社内外に公表する。

健康経営に関する認証制度や表彰制度に参加し、社会的な評価や信頼を得る。

具体的には、心と体の健康づくりのためのセミナーやスポーツ活動の機械の提供、快適な職場づくり、メンタルヘルスケアの実施などを推進する。

ミドルマネージャーは、健康面においても、従業員の過重労働の弊害を理解し、適正な労働時間の管理を徹底する必要があります。また、メンタル不調への相談体制の整備やストレス軽減のための施策を講じることも欠かせません。部下1人ひとりの心身の健康状態に関心を持ち、必要なサポートを提供することこそが、ミドルマネージャーの大切な役割といえるでしょう。

また、安全重視の組織文化醸成にも尽力することが求められます。自ら笑顔で「○○さん、おはよう」「××さん、お疲れさま」と声をかけるなど、人間性豊かな職場づくりを心がけることも効果的です。

第4章　リスクを減らすお金とのかかわり方

1　予算ミスを防ぐには

予算ミスをしてしまうと……

予算とは、一定期間における収入と支出の見積もりのことです。予算を作成することは、経営計画や資金計画を立てることができます。しかし、予算を作成する際には、ミスをしないように注意する必要があります。

予算ミスとは、予算の作成や管理において、誤った数字や計算、判断をしてしまうことです。予算ミスは、次のような問題を引き起こす可能性があります。

- ●収入や支出の見通しが甘くなり、資金不足や余剰に陥る
- ●事業やプロジェクトの目標や成果が達成できない
- ●経営判断や投資判断が誤ってしまう
- ●信用や評価が低下する

そのため、予算ミスを減らすことは、経営や事業の成功にとって重要です。予算ミスは、組織の財務健全性と運営効率に大きな影響を与える可能性があります。

予算ミスを防ぐためには、正確な計画、適切な管理、そして継続的なモニタリングが必要で、予算ミスは財務リスクの1つに数えられます。そのため、予算ミスを減らすことは、経営や事業の成

功にとって大変重要なものなのです。

そこで、予算ミスを減らすために、注意すべき3つのポイントをお伝えしましょう。

正確なデータや情報を収集する

予算を作成するには、正確なデータや情報を収集することが大切です。データや情報が不正確だと、予算の精度も低くなります。データや情報を収集する方法としては、次のようなものがあります。

- 過去の実績や傾向を分析する
- 市場や競合の動向を調査する
- 専門家や関係者の意見やアドバイスを聞く
- 予測やシミュレーションを行う

これらの方法を用いて、収入や支出の要因や要素、影響度や確率などを把握しましょう。また、データや情報は常に最新のものを使用し、定期的に更新しましょう。

適切な方法や基準で計算する

予算を計算するには、適切な方法や基準で計算することが重要です。方法や基準が不適切だと、予算の妥当性も低くなります。計算する方法や基準を3つ掲げてみます。

①トップダウン法

経営層や上級管理職が全体の目標や方針を決め、それに基づいて各部門や担当者が予算を作成する方法です。つまり、経営トップが全体予算額を決定し、経営戦略に基づき、各事業や部門別の予算配分を指示していきます。

経営戦略や方向性に沿った予算を作成できますが、現場の実態や意見が反映されにくいという欠点があります。

②ボトムアップ法

各部門や担当者が自分の担当範囲の予算を作成し、それを統合して全体の予算を作成する方法です。現場の実態や意見が反映されやすく、実現性の高い予算を作成できますが、経営戦略や方向性との整合性がとれないという欠点があります。

③ゼロベース法

過去の実績や予算にとらわれず、すべての収入や支出をゼロから見直して予算を作成する方法です。無駄や非効率を排除し、最適な予算を作成できますが、作成に時間や労力がかかるという欠点があります。

これらの方法や基準は、それぞれにメリットやデメリットがあります。自分の組織や事業の特性や目的に合わせて、これらの方法を適宜組み合わせるとよいのではないでしょうか。また、計算する際には、慎重かつ正確に行い、ミスや漏れがないようにしましょう。

フィードバックや評価を行う

予算を作成した後には、フィードバックや評価を行うことが重要です。フィードバックや評価を行うことで、予算の実施状況や成果を把握できます。フィードバックや評価を行う方法としては、2つあります。

・予算実績管理表の作成

予算と実績の差異を分析するためにつくる管理表です。予算実績管理表を作成することで、予算の達成度や進捗状況を確認できます。予算実績管理表のつくり方は次の通りです。

①予算科目を設定　売上高など管理したい費用を設定
②期間を設定　対象となる期間を設定（月次、四半期、年度など）
③予算額と実績額の列をつくる　科目や期間ごと「予算額」「実績額」の数値列を用意
④差異値の列をつくる　「実績額―予算額」の式で差異値を出し、列を作成
⑤差異率の列をつくる　「差異値／予算額×１００」の式で差異率（％）を出す

・予算実績分析会議の開催

予算と実績の差異の原因や対策を検討するために開催する会議です。予算実績分析会議を開催することで、予算の改善や改善の効果を検証できます。

予算の作成と実績管理はミドルマネージャーの大切な業務です。これまでに述べた3つのポイン

トやそれぞれの方法を駆使してミスを減らし、問題を引き起こさないようにしましょう。

2　為替の影響を理解する

為替リスクを減らすために

為替とは、ある国の通貨と他の国の通貨との交換比率のことです。為替レートとは、その交換比率を数値化したものです。例えば、1ドル＝100円という為替レートは、1ドルを100円に交換できることを意味します。

為替レートは、外国為替市場と呼ばれる市場で、需要と供給のバランスによって決まります。外国為替市場には、政府や中央銀行、商業銀行、証券会社、企業、個人など、さまざまな参加者がいます。これらの参加者は、貿易や投資、旅行や送金など、さまざまな目的で外国為替を売買します。

グローバル化が進む中、海外取引の増加に伴い、為替レートの動向が企業業績に与える影響は無視できないほど大きくなっています。特に昨今の円安基調の市場状況でも、ミドルマネージャーとして、為替変動が自社の業績にどのような影響を及ぼすかを把握し、適切なリスク管理ができるようにしておくことが重要です。

まずは、自社の取引における外貨の受取りと支払いの割合を確認し、円高か円安かでどちらが業績にプラスの影響を与えるかを把握する必要があります。例えば、外貨建ての輸出比率が高い企業では、基本的には円安が業績を押し上げることになります。

次に、為替変動が売上高や仕入原価、人件費等の損益計算書の主要項目にどの程度の影響を与えるかを定量的に把握しておきましょう。過去の実績から影響度を算出し、変動幅に応じた影響額のガイドラインを作成しておくとよいでしょう。

また、商品やサービスの輸出入における為替変動の影響を軽減するため、先物為替予約取引の活用が有効な場合があります。ミドルマネージャーは、上司と相談しながら、適正な範囲での予約操作を検討しましょう。

一方、為替変動による影響を完全に回避する方法として、外貨建て取引を円建て取引に転換する対応も考えられます。取引先との交渉が必要になりますが、長期的な取引関係の構築にもつながる場合があります。また、為替相場は政治や経済情勢に影響されやすいため、マクロ環境の変化に注意を払う必要があります。新興国の経済成長や主要国の金利動向などから、為替トレンドをある程度予測することもできるでしょう。外部の専門家の助言を得ることも有効です。

ミドルマネージャーが為替リスクに対してすべきこと

このように、ミドルマネージャーには、為替変動への事前の準備と日頃の気配りが欠かせません。上司と連携しながら、為替リスクの低減に取り組むことが重要です。自社の強みを活かしつつ、グローバル競争を有利に進めるための知識が必要不可欠といえます。

さらに、為替相場の変動が自社の製品やサービスの価格競争力に与える影響についても注視が必要です。例えば円高によって製品の対ドル表示価格が上昇し、競合他社との価格競争で不利になる可能性があります。この場合、値下げによるシェア確保と利益率の低下とのトレードオフを勘案し、適切な価格戦略を立てる必要が出てきます。あわせて、為替変動が自社の財務内容にもたらす影響にも目を向ける必要があります。

円高で輸出が減少すれば売上減もありますが、一方で外貨建ての負債が円換算で減少するなどの効果も生じます。総合的な財務への影響を分析し、資金繰りにも注意が必要です。

このほか、海外現地法人の業績などへの為替影響も重要です。現地通貨ベースの業績を円換算する際には為替変動の影響を受けるため、現地業績と円換算業績のギャップに留意が必要です。

以上のように、為替変動が自社の業績に与える影響は

多岐にわたります。ミドルマネージャーには、総合的な視点から為替リスクを把握し、適切なリスク管理ができる知識が求められています。グローバルな事業環境下では、為替相場の変化への対応力が企業の生存にも影響を与えます。日々の学習と対応が重要だと言えるでしょう。

3　正しい投資のコツ

ミドルマネージャーは、多くの業務や責任に追われ、自分のキャリアや資産形成に十分な時間や注意を割けないことも多いでしょう。そこで、ミドルマネージャーが自分の将来に備えるために、知っておくべき投資のコツを紹介します。

自分の目標やライフプランを明確にする

投資を始める前に、自分の目標やライフプランを明確にすることが大切です。例えば、次のようなことを考えてみましょう。

●いつまでにどれくらいの資産を築きたいか
●どんなライフスタイルを送りたいか
●どんなリスクに耐えられるか
●どんな分野に興味があるか

これらを明確にすることで、自分に合った投資方法や投資先を選ぶことができます。また、自分の目標やライフプランは定期的に見直すことも忘れないでください。環境や状況に応じて、柔軟に変更することが必要です。

情報をできるだけ集める

投資とは、将来の収益を得るために、現在の資金を有効に活用することです。そのため、投資を成功させるには、情報をできるだけ集めることが重要です。

情報を集める方法としては、次のようなものがあります。

①金融商品や市場の基礎知識を学ぶ
②ニュースや分析レポートなどの最新情報をチェックする
③専門家や投資家の意見やアドバイスを聞く
④自分の投資先の業績や動向を調べる

これらの情報を集めることで、投資の判断や選択に役立てることができます。しかし、情報は多ければ多いほどよいというものではありません。情報は必ずしも正確ではなく、変化する可能性があるからです。

情報を集めるときには、次の点に注意しましょう。

●情報の出所や信頼性を確認する

●情報の意味や背景を理解する
●情報の偏りや誤りに気を付ける
●情報に惑わされず、自分の判断を持つ

長期的な視点を持つ

投資は、短期的な動きに惑わされず、長期的な視点を持つことが大切です。短期的な動きは、ノイズや偶然によるものであり、長期的な動きは、トレンドや本質によるものであるからです。

長期的な視点を持つことで、次のようなメリットがあります。

●投資の目的や方向性が明確になる
●投資の成果や効果がわかりやすくなる
●投資のリスクやコストが低減される
●投資の精神的な負担が軽減される

長期的な視点を持つためには、投資の期間や目標を設定したり、投資のパフォーマンスを定期的に評価したり、投資の状況や環境に応じて、柔軟に対応することが必要です。

分散投資をする

分散投資とは、1つの投資先に資金を集中させず、複数の投資先に分散させることです。分散投資をすることで、次のようなメリットがあります。

●投資のリスクを分散させる
●投資の収益を安定させる
●投資の機会を増やす

分散投資をするためには、投資先の種類や数をバランスよく選ぶこと、投資先の相関性や特徴を把握すること、投資先の比重や組み合わせを調整することに気をつけましょう。

自分の投資スタイルを見つける

投資には、さまざまな方法や手法があります。例えば、株式投資、債券投資、投資信託、FX、仮想通貨、不動産投資などがあります。これらの投資方法には、それぞれにメリットやデメリットがあります。また、投資方法だけでなく、投資の目的や期間、リスク許容度、知識や経験なども、投資に影響を与えます。

自分の投資スタイルを見つけるためには、次のことを試してみましょう。

●さまざまな投資方法や手法を学ぶ
●少額から始めて、実践的に学ぶ
●自分の強みや興味を活かす
●他の投資家の成功事例や失敗事例を参考にする

投資をするときには、自分に合った投資スタイルを見つけることが重要です。自分の投資スタイルを見つけることで、投資の楽しさややりがいを感じたり、投資のモチベーションや継続性を高めることができたり、投資の成果や満足度を向上させるといったメリットがあります。

企業が長期的な成長と収益を確保するためには、効果的な投資戦略が不可欠です。正しい投資のコツは、リスク管理、市場分析、そして戦略的な意思決定に基づいて行うということです。

４　資金繰りの注意点

資金繰りは最も重要

企業経営において資金繰りは最も重要な管理項目の１つです。特にミドルマネージャーは日々の資金の動きを把握する立場にあるため、資金不足に陥らないよう注意深く管理する必要があります。

資金繰りとは、企業が必要な資金を適切なタイミングで確保し、支払いに充てることです。資金繰りが悪化すると、借入金の返済ができなかったり、新たな投資ができなかったりするリスクが高まります。そのため、ミドルマネージャーは資金繰りを常に把握し、改善しなければなりません。

資金繰りを失敗しないために

資金繰りを失敗しないためには、次の４つのことに注意する必要があります。

①資金繰り表を作成する

まず大切なのは、余裕を持った資金繰り計画を立てることです。売上や支出の見積もりには必ず幅を持たせ、思わぬ事態に対応できる余裕を見込みましょう。過去のデータから傾向を分析し、安全側の計画を立てるのが賢明です。

資金繰り表とは、一定期間における資金の動きを把握するためにつくる管理表です。資金繰り表を作成することで、将来の入出金のタイミングや金額を予測し、資金不足や余剰の状況を事前に察知できます。また、資金繰り表を銀行に提出することで、融資の交渉もしやすくなります。

資金繰り表の作成には、月次残高試算表、手形帳、現金出納表、預金出納帳、借入金返済明細表などの資料が必要です。これらの資料を基に、毎月の現金の収支や残高を記入します。また、将来の売上や仕入、設備投資などの予測も加えます。資金繰り表のテンプレートはインターネットで検索すれば見つかります。

②入金を早め、出金を遅らせる

資金繰りを改善するためには、入金を早め、出金を遅らせることが有効です。入金を早める方法としては、売掛金の回収期間を短縮する、前払いや分割払いを導入する、クレジットカードや電子決済を利用するなどがあります。

出金を遅らせる方法としては、買掛金の支払期間を延長する、割引や値引きを交渉する、在庫を減らすなどがあります。

③余剰資金を有効活用する

資金繰りが安定している場合、余剰資金が発生することがあります。このような場合、余剰資金を有効活用することで、資金繰りの改善につなげることができます。余剰資金の活用方法としては、借入金の返済を早める、新たな投資や事業展開を行う、有利な金利で預金や運用をするなどがあります。

預金口座での管理に加え、安全性の高い短期の金融商品を活用することで、若干の利息収入を得られる場合があります。ミドルマネージャーは運用商品の内容を理解したうえで、上司と相談しながら、無理のない範囲での運用を検討しましょう。

④リスクに備える

資金繰りは、経営環境や市場の変化によって大きく左右されることがあります。そのため、予期せぬリスクに備えることも重要です。リスクに備える方法としては、資金繰り表に余裕を持たせる、資金調達のルートを複数確保する、保険や債権保証などのリスクヘッジを行うなどがあります。

⑤不採算部門や無駄なコストの検討

さらに重要なのが、不採算部門や無駄なコストの早期検討です。収益力の弱い事業については、縮小・撤退も選択肢として視野に入れる必要があります。また業務プロセスの効率化によるコスト削減、在庫や債権の圧縮など、収入増加以外の方法で支出を抑える工夫も欠かせません。

資金繰りの注意点について述べましたが、資金繰りは経営の命とも言えるものです。資金不足が長期化すると企業の信用力が失われ、倒産の危機につながります。最悪の事態を避けるため、経営陣に早めに報告する勇気がミドルマネージャーには求められます。

ミドルマネージャーとして、資金繰りの管理と改善に努めましょう。資金繰りは、企業の財務管理において最も重要な要素の1つです。効果的な資金繰り管理は、企業の流動性を維持し、財務リスクを低減するために不可欠なものとなります。

5 会社の経済状況を読む

リスク管理としての会社の経済状況分析

ミドルマネージャーとして、自分の部署やチームの業績だけでなく、会社全体の経済状況を把握することは重要です。会社の経済状況を読むことで、自分のキャリアや収入に影響を与える可能性のあるリスクを事前に察知し、対策を講じることができます。また、会社の経済状況を読むことで、自分の部署やチームの業績を会社の戦略や目標に沿って評価し、改善策を提案することができます。

では、会社の経済状況を読むにはどうすればいいのでしょうか？ ここでは、会社の経済状況を読むために参考になる情報源や指標、分析方法について紹介します。

会社の経済状況を読むための情報源は

会社の経済状況を読むためには、まず、会社が公開している情報を活用することが基本です。会社が公開している情報には、次のようなものがあります。

●決算短信や有価証券報告書などの財務情報
●経営方針や中期経営計画などの経営情報
●事業報告や社会貢献活動などの企業活動情報
●株主総会や決算説明会などのＩＲ活動情報

これらの情報は、会社の公式サイトや証券取引所のサイトなどで閲覧できます。これらの情報を定期的にチェックすることで、会社の業績や財務状況、経営戦略や目標、市場や競合の動向などがわかります。

ただし、会社が公開している情報は、会社の都合によって美化されたり、隠されたりすることがあります。また、会社が公開している情報だけでは、会社の経済状況を十分に読み解くことはできません。

そこで、会社が公開している情報に加えて、次のような情報も参考にすることが必要です。

①業界や市場の動向を分析するレポートやデータ
②会社や業界に関するニュースや記事
③会社や業界に関する専門家やアナリストの意見や予測
④会社や業界に関するＳＮＳやブログなどの口コミや評判
⑤従業員や取引先、業界団体回りなどからの業績や評判

これらの情報は、インターネットやメディアなどで入手することができます。これらの情報を活用することで、会社の経済状況を客観的に分析することができます。また、これらの情報を比較することで、会社の経済状況に影響を与える要因や傾向を見つけることができます。

会社の経済状況を読むための指標は

会社の経済状況を読むためには、情報を収集するだけでなく、その情報を分析することも重要です。情報を分析するためには、会社の経済状況を測るための指標を使うことが有効です。

会社の経済状況を測るための指標には、次のようなものがあります。

①売上高や営業利益などの収益性指標
②総資産や自己資本などの財務状況指標
③ROEやROAなどの収益力指標
④PERやPBRなどの株価指標

これらの指標は、会社の経済状況を数値化することで、会社の強みや弱み、成長性や安定性、評価や将来性などを判断することができます。また、これらの指標を時系列で比較することで、会社の経済状況の変化や動向を把握することができます。

ただし、これらの指標は、単純に数字を見るだけでは意味がありません。これらの指標を使うときは、次のようなことに注意する必要があります。

●会社の業種や規模、特性によって、指標の意味や重要度が異なること
●会社の経済状況を正しく評価するためには、指標を複数使って総合的に判断すること
●会社の経済状況を予測するためには、指標だけでなく、外部環境や内部戦略なども考慮すること

会社の経済状況を読むための分析方法

会社の経済状況を読むためには、情報を収集し、指標を使って分析することが必要ですが、それだけでは十分ではありません。会社の経済状況を読むためには、分析した結果を自分の立場や目的に応じて活用することが重要です。

会社の経済状況を読むために活用できる分析方法には、次のようなものがあります。

①SWOT分析：会社の強み（Strengths）、弱み（Weaknesses）、機会（Opportunities）、脅威（Threats）を分析する方法

②PEST分析：会社の外部環境である政治（Political）、経済（Economic）、社会（Social）、技術（Technological）の4つの要因に分類し、自社に与える影響を読み解く分析手法

③5力分析：会社の競争環境である競合（Rivalry）、新規参入者（New entrants）、代替品（Substitutes）、顧客（Buyers）、仕入を分析する方法

これらの要素を理解し、分析することで、ミドルマネージャーは会社の経済状況を正確に読み取り、リスクを管理し、効果的な意思決定を行うことができます。これは、ミドルマネージャーが会

社の成功に大きく貢献するための重要なスキルといえます。

6　競合とのお金の戦い方

ビジネスをするうえで、競合とのお金の戦いは避けられません。競合とのお金の戦いとは、市場でのシェアや利益を奪い合うことです。競合とのお金の戦いに勝つためには、どのような戦略を立てるべきでしょうか。

ここでは、競合とのお金の戦いに勝つための4つのポイントを紹介します。

競合の強みと弱みを分析する

競合とのお金の戦いに勝つためには、まず、競合の強みと弱みを分析することが必要です。競合の強みと弱みを分析することで、自社の優位性や差別化要素を見つけることができます。また、競合の弱みを突くことで、市場でのシェアや利益を奪うことができます。

競合の強みと弱みを分析するためには、次のような方法があります。

①3C分析　：競合の顧客（Customer）、自社（Company）、競合（Competitor）の3つの要素を分析する方法

②SWOT分析　：競合の強み（Strengths）、弱み（Weaknesses）、機会（Opportunities）、脅

威（Threats）を分析する方法

③ベンチマーキング：競合の業績やプロセスなどを参考にして、自社の改善点を見つける方法

価格戦略を考える

競合とのお金の戦いに勝つためには、価格戦略を考えることも重要です。価格戦略とは、自社の商品やサービスの価格を設定する方法です。価格戦略には、次のような種類があります。

●コストプラス法：自社のコストに利益率を加えて価格を設定する方法

●需要対応法：顧客の需要や価値観に応じて価格を設定する方法

●競合対応法：競合の価格に応じて価格を設定する方法

価格戦略を考えるときは、自社の目標や市場の状況を考慮することが必要です。例えば、自社の目標がシェアを拡大することであれば、競合よりも低い価格を設定することで、顧客を引きつけることができます。

しかし、自社の目標が利益を最大化することであれば、顧客の需要や価値観に応じて、高い価格を設定することで、利益率を高めることができます。

販売促進を行う

競合とのお金の戦いに勝つためには、販売促進を行うことも効果的です。販売促進とは、商品や

サービスの購入を促すための活動です。販売促進には、次のような方法があります。
●クーポンや割引券などの価格的なインセンティブを提供する方法
●サンプルや試供品などの商品的なインセンティブを提供する方法
●ポイントやプレゼントなどのプログラム的なインセンティブを提供する方法
販売促進を行うことで、顧客の購買意欲を高めることができます。また、販売促進を通じて、顧客との関係を強化することもできます。販売促進を行うには、自社の商品やサービスの特徴やメリットをアピールすることが必要です。

付加価値を提供する

競合とのお金の戦いに勝つためには、付加価値を提供することも有効です。付加価値とは、商品やサービスに付随する価値のことです。付加価値には、次のようなものがあります。
●アフターサービスや保証などのサポート的な付加価値
●デザインやブランドなどのイメージ的な付加価値
●情報や教育などの知識的な付加価値
付加価値を提供することで、顧客の満足度やロイヤルティーを高めることができます。また、付加価値を提供することで、競合との差別化を図ることができます。付加価値を提供するには、顧客のニーズや課題に応えることが必要です。

以上のような4つのポイントを参考にして、自社の商品やサービスの魅力を伝えることで、市場でのシェアや利益を獲得していきましょう。

7　マーケット予測と経済ニュース

マーケットと経済ニュースに目を光らせる

ミドルマネージャーには、経済の動向に目を光らせ、リスクを見定める力が求められます。市場は日々変化します。価格の上下、政府の政策変更、世界情勢など、ビジネスに影響を及ぼす要素はさまざまです。「これからどうなる?」という不確実性そのものがリスクです。そのリスクを上手く管理することが求められます。

そのためには、まず、経済ニュースの理解が必要です。なぜなら、ニュースは経済の情報が詰まっているからです。今の状況とこれからどうなるかのヒントがあります。例えば、政策についてのコメント、新たなトレンドの兆し、有名な投資家の動向などがそれです。これらを賢明に読み解くことで、自分のビジネスに活かすことができます。

次に、市場の予測についてです。これは難しいテーマで、専門家でも確定的な未来を予測することはできません。しかし、視野を広げ、さまざまな情報からトレンドを読み取ることは可能です。過去のデータを参考にしながら、新しい情報を取り入れていくことが大切です。

市場の動きや金融リスクを理解するためには、定量的な分析と定性的な分析が必要です。定量的な分析とは数字を使って分析する方法です。

一方、定性的な分析とは数字以外の情報、例えば市場の傾向や感情などを分析する方法です。これらを組み合わせることで、より正確な判断が可能になります。

ミドルマネージャーはこれらの分析結果を基にリスク対策を立てるのです。例えば、為替リスクがある場合、そのリスクを軽減するためのヘッジ戦略を考えます。また、原材料の価格が急に上がるリスクに対しては、先物取引を活用するなど具体的な手段を考えることになります。

そして、資金の管理も重要です。会社のお金の流れを把握し、必要なときに必要な資金が使えるように計画を立てます。これにより、会社の信頼性を保ち、投資家に対する信頼を獲得することができます。

マーケット予測と経済ニュースの利用法

では、マーケット予測と経済ニュースをどのように利用すればよいのでしょうか。

ここでは、リスクを減らすお金とのかかわり方として、次の3つのポイントを紹介します。

①複数の情報源を比較する

マーケット予測や経済ニュースは、1つ情報源だけでなく、複数の情報源から入手することが重要です。なぜなら、それぞれの情報源には、異なる視点や方法があるからです。

例えば、マーケット予測は、機関や個人によって、使用するモデルや仮定が異なります。また、経済ニュースは、メディアや専門家によって、報道する内容や評価が異なります。これらの情報源を比較することで、より広い視野や深い理解を得ることができます。

②自分の判断を持つ

マーケット予測や経済ニュースは、参考にすることはできますが、盲信することはやめましょう。なぜなら、それらはあくまで予測やニュースであり、事実ではないからです。

例えば、マーケット予測は、外的要因や市場心理によって、大きく外れることがあります。また、経済ニュースは、時事的な話題やセンセーショナルな表現に惑わされることがあります。これらの情報に左右されるのではなく、自分の判断を持つことが大切です。

③長期的な視点を持つ

マーケット予測や経済ニュースは、短期的な動きに注目することが多いですが、お金とのかかわり方は、長期的な視点を持つことが必要です。なぜなら、短期的な動きは、ノイズや偶然によるものであり、長期的な動きは、トレンドや本質によるものであるからです。

例えば、マーケット予測は、日々や月々の変動に影響されますが、長期的な成長や収益には関係ありません。また、経済ニュースは、一時的な出来事や感情に振り回されますが、長期的な経済や社会には影響しません。これらの情報に惑わされるのではなく、長期的な視点を持つことが重要です。

これら3つのポイントを踏まえて、マーケット予測や経済ニュースを活用する上で、ビジネスパーソンがよく利用する情報源としては次のようなものが挙げられます。

・政府統計（消費動向調査、鉱工業指数、貿易統計など）

マクロ動向を把握する上で最も基本的な情報源です。

・民間調査機関（「帝国データバンク、日経リサーチ等」や業界団体の統計

詳細な業界・市場データが得られるための有力な情報源となっています。

・経済専門誌（エコノミスト、日経ビジネス等）

マクロ動向や業界トレンドを分析した記事が参考になります。

・インターネット（各種サイト、SNS等）

リアルタイム性が高く、消費者の声が得られるメリットがあります。

適切な情報源を組み合わせて利用することがポイントと言えるでしょう。

金融市場は不確実性がいつでも付きまとうため、適切なリスク管理はあらゆるビジネスにおいて重要な要素となります。

まず、ミドルマネージャーは経済ニュースの正しい理解が求められます。ニュースには多くの場合、現在の経済状況や市場動向、ならびに意思決定者の発言が含まれているので、これらの情報を利用して将来のビジネス展開を計画することが、賢明なリスク管理につながります。

第5章　リスクを最小限に抑える法律との向き合い方

1　重要な法律の変更ポイント

法律改正をチェックする

法律の改正は、社会の変化に対応するための重要な手段です。新たな技術の出現や社会の価値観の変化に対応するため、法律は頻繁に改正されます。

例えば、インターネットの普及に伴い、情報通信法やプライバシー保護法などが改正されることがあります。

これらの改正は、ビジネスや日常生活に大きな影響を及ぼす可能性があります。したがって、法律の改正を常にチェックし、その影響を理解しなければなりません。

法律の変更は予測不可能なことが多いため、常に最新の情報を得ることが必要です。

法律の改正には、主に次のような種類があります。

●一部改正　：法律の一部を変更するもので、特定の条項や節を修正、追加、削除します。

●全部改正　：法律の全体を書き換えるもので、形式的には既存の法律を存続させつつ、法律の中身全部を書き改めます

●新法の制定：新たな問題や課題に対応するために、新しい法律が制定されることがあります。

これらの新法は、既存の法律とは異なる規定を設けることがあります。

●廃止制定　：既存の法律を廃止し、これに代わる新規制定法律を制定するものです。

これらの改正は、社会の変化や新たな課題に対応するために行われるものです。したがって、法律の改正を常にチェックし、その影響を理解しましょう。

企業活動に影響する法律は日々改正されており、ミドルマネージャーは重要な法律の変更内容を把握することがリスク管理の観点からも重要です。ここでは、最近注目される法律の変更ポイントを整理します。

まず挙げられるのが、個人情報保護法の改正です。個人データの漏洩事故が後を絶たない中、２０２０年から改正法が順次適用され、罰則が強化されるとともに、個人情報の定義が拡大されました。取り扱うデータが個人情報に該当するか否かをより慎重に判断する必要があります。

次に重要なのが、時間外労働の上限規制です。２０１９年から大企業が、２０２３年から中小企業が対象となり、時間外労働と休日労働の上限が法律で規定されました。三六協定の締結など労務管理を適正に行うことが企業に求められています。

また、偽装請負など違法派遣についても規制強化が図られています。実態が雇用関係に該当する場合は直接雇用契約を結ぶ必要があり、企業は就業実態に即した適正な契約形態を選択することが重要となります。

このほか、断続的に発生する短期の業務などについて、「短時間労働者」としての雇用形態が認められるようになりました。多様な就業ニーズに対応できる制度改正だといえます。

さらに、女性の職業生活における活躍の推進のための法律、障害者の雇用促進法など、ダイバーシティ関連法令も重要性を増しています。法律に則った運用が必要不可欠となっています。ほかにもハラスメント関連の法律も制定、また、強化改正されています。

新法の制定にも目を配る

新たな問題や課題に対応するために、新しい法律が制定されることがあります。これらの新法は、既存の法律とは異なる規定を設けることがあります。

例えば、環境問題に対応するための新たな環境法や、新型コロナウイルス対策としての特別措置法などがあります。新法の制定は、社会全体に影響を及ぼす可能性があります。

判例の変化も影響が

判例は、法律の解釈に大きな影響を与えます。裁判所の判断は、同様の事案が将来どのように扱われるかの指針となります。したがって、判例の変化は法律の適用に影響を及ぼす可能性があります。例えば、労働法の解釈に関する判例の変化は、労働者の権利や雇用主の責任に影響を及ぼす可能性があります。

これらの変更点を理解し、適切に対応することで、法律のリスクを最小限に抑えることが可能となります。

このように法律の変更は多岐にわたっており、ミドルマネージャーは業務に影響する領域の法改正について、的確な理解と遵法体制の構築が求められています。コンプライアンスは、時代とともに進化するものだと認識し、日々の業務が法律に照らして適正であるかを確認することが必要です。

2　契約時の注意点と契約テクニック

契約はビジネスの基本的な行為であり、その成功はしばしば契約の品質によって決まります。ミドルマネージャーは、取引先との契約交渉や契約締結において、会社に不利益が生じないよう細心の注意が必要です。

契約時のポイント

ここでは、契約時のポイントを整理します。

まず重要なのは、契約の目的、内容、条件を明確に定めることです。曖昧な部分が残らないように熟読し、不明な点は即座に相手方に確認しましょう。想定外の解釈によるトラブルを回避するには、明確な文言が欠かせません。契約の目的を明確にすることは、契約の成功にとって非常に重要です。契約の目的が明確でない場合、契約の解釈に問題が生じ、紛争の原因となる可能性があります。

次に、契約履行におけるリスクと責任の所在を明らかにすることも大切です。万が一の事態における罰則や損害賠償責任を契約で規定しておく必要があります。自社に不利益となる条項はできるだけ回避するよう交渉しましょう。

また、契約期間や更新条件にも注意が必要です。長期契約の場合は更新のタイミングで価格や条件等の見直し条項を設けておきましょう。競争力の低下にも対応できるようにすることが重要です。

さらに、知的財産権や秘密保持条項も重要なポイントです。自社の技術やノウハウが不当に利用されないよう、契約で保護する必要があります。違反時の対応策も定めておきましょう。

そのほか、契約変更の手続、契約解除・解約の条件、法令変更時の見直し方法などにも目を配る必要があります。予期せぬ事態に対応できるよう、契約内容を検討しましょう。

このように、契約時には多角的な視点から内容を検討し、リスクを洗い出す作業が欠かせません。契約テクニックを身につけ、事前の準備と検討を尽くすことで、会社に不利益が生じない契約締結を心がけましょう。契約力はミドルマネージャーに求められる大切なスキルの1つといえるでしょう。これらの注意点を理解し、適切に対応することで、契約のリスクを最小限に抑えることが可能となります。契約は、ビジネスの成功にとって重要な要素であるため、契約時の注意点を理解し、適切に対応することが重要です。

契約テクニックを身につける

また、リスクを最小限に抑えるため、契約テクニックを身につけるといいと言われています。

次にいくつかの主要なテクニックをご紹介します。

①親近化効果と初頭効果で印象を操作する
交渉では、第一印象をよく見せることが大事です。

②相手と同じ立場で会話をする
交渉において、相手は対立すべき「敵」だと思いがちですが、決してそうではありません。

③二者択一から選択させる
選択肢を2つに絞り、相手に選ばせることで、交渉を有利に進めることができます。

④低い条件で「自分でも対応できる」と思わせる
相手に自分の提案が受け入れやすいと思わせることで、交渉をスムーズに進めることができます。

⑤時間的な限定を付け加える
時間制限を設けることで、相手に迅速な決断を促すことができます。

⑥希望よりもずっと高い条件を提示する
初めに高い条件を提示することで、交渉の余地をつくり出すことができます。

⑦さりげなく秘密や本音を引き出す
相手の本音や秘密を引き出すことで、交渉を有利に進めることができます。

これらのテクニックは、交渉の成功に役立つ可能性があります。ただし、相手の立場や状況を尊重し、誠実に交渉を進めることが最も重要です。

3　知的財産を守る

知的財産は重要な経営資源

知的財産は企業にとって非常に重要な経営資源です。ミドルマネージャーは知的財産を適切に保護、管理する責任を負っています。その価値を最大限に引き出し、同時にリスクを最小限に抑えるためには、適切な保護戦略が必要です。

ここでは、知的財産保護のポイントについて詳しく解説します。

知的財産保護のポイント

知的財産の種類ですが、特許、実用新案、意匠、商標、著作権などがあります。ミドルマネージャーは、自社が保有する知的財産の内容を正確に把握する必要があります。特に、コアとなる特許や商標は、事業競争力の源泉となりますので、その活用方法を把握することが重要です。

次に、権利化の意義について考えてみましょう。特許などの産業財産権は、出願によって初めて権利が発生します。ノウハウなどの秘匿情報もありますが、権利化することで法的保護を強化することができます。ミドルマネージャーは、権利化のメリットを理解し、担当部署と連携して権利の獲得に努めることが大切です。

また、盗用や侵害からの保護も欠かせません。商品の模倣品対策や、特許侵害が疑われる製品の調査などには注意が必要です。必要に応じて法的措置を取ることも含めて、知的財産の適切な保全に努めるべきです。

一方で、自社も他社の権利を侵害しないように細心の注意が必要です。商品開発時には特許調査を実施し、使用条件の確認やライセンス契約の締結など、適切な対応が求められます。

さらに、社員への教育も非常に重要です。秘密情報の管理方法や、ＳＮＳでの情報発信時の注意点などを周知徹底することが必要です。知的財産の重要性を社内に浸透させることが大切です。

知的財産の重要性を組織内に浸透させるためには、徹底した意識と教育が必要です。ミドルマネージャーは、従業員に対して知的財産の価値や保護の方法について正しく理解させる役割を果たすべきです。定期的な研修や情報共有の場を設けることで、組織全体の知的財産保護意識を高めることができます。

また、知的財産は情報として存在しますので、情報管理の強化も重要です。ミドルマネージャーは、組織内の情報管理システムを適切に整備し、アクセス制限やデータの暗号化などのセキュリティー対策を実施することで、知的財産の漏洩や不正利用を防止する役割を果たすことができます。

知的財産の活用策を検討することも重要な課題です。ライセンス収入の獲得や、事業戦略との連動、商標登録のブランドを管理し、信頼性や付加価値を高めたり、フランチャイズ展開したりするなど、収益源としての側面にも注力すべきです。

知的財産の確保と管理を

ミドルマネージャーは、組織内の知的財産権の確保と管理にも責任があります。特許や商標の出願手続の適切な管理や、権利の維持・更新手続の遂行などが求められます。また、他社の知的財産権を侵害しないよう、製品やサービスの開発・販売においても注意が必要です。

企業が他社との提携やライセンス契約を行う場合、知的財産の保護に関する契約書の作成や交渉も重要な役割です。ミドルマネージャーは、法務部門や専門家と連携しながら、適切な契約条件を取り決めることで、知的財産の権利と利益を守ることができます。

知的財産の保護は時代とともに変化する課題でもあります。ミドルマネージャーには、担当部署と連携し、適切な対応を行うリーダーシップが求められています。常に最新の情報にアンテナを張り、変化に対応する柔軟性を持つことが重要です。知的財産の保護は企業の成長と競争力に直結しており、ミドルマネージャーの役割は非常に重要です。

知的財産は、企業の価値と競争力を高めるための重要なツールです。その保護は、リスクを最小限に抑え、ビジネスの成長を促進するために不可欠です。適切な知的財産戦略を策定し、それを実行することで、企業はその価値を最大限に引き出すことができますし、ミドルマネージャーが、中心となって守ってほしいと思います。ミドルマネージャーが注力することで、組織の知的財産を守り、競争力を高めることができるでしょう。知的財産保護は組織全体の取り組みが求められるので、積極的なリーダーシップを発揮して、組織の成果につなげてください。

4　労働法の最新動向

ミドルマネージャーは労働法の情報を取得すべき

労働法は、労働者と雇用者の関係を規定する法律であり、労働者の権利と義務、雇用者の権利と義務、そして労働条件に関する規定を含んでいます。これには、労働時間、賃金、休暇、解雇、労働安全衛生などが含まれます。近年、労働法は急速に変化しています。テクノロジーの進歩とともに、リモートワークやフレキシブルワークが増え、労働法もこれらの新しい働き方に対応する必要があります。また、労働者のメンタルヘルスに対する認識の高まりにより、労働法は労働者のメンタルヘルスを保護するための新たな規定を導入しています。

労働法制は近年大きく変化しています。ミドルマネージャーに求められるコンプライアンス意識が問われていると言えるでしょう。ここではミドルマネージャーが知っておくべき労働法の最新動向を解説します。ミドルマネージャーは特に労働基準法の改正について知らなければなりません。労働基準法は、制定されてからこれまでに数回の法改正を経て現在に至っています。

法改正には注意

特に注目すべきは、次の法改正です。

①働き方改革関連法

２０２０年４月から全面施行された働き方改革関連法です。時間外労働の上限規制が導入され、三六協定で定める時間外労働の限度が法律上明確化されました。上限規制に対応するため、企業は働き方を抜本的に見直す必要に迫られています。

労使で協定する時間数を超える時間外労働が発生しないよう、業務量の適正化や人員体制の整備が欠かせません。法改正により２０２３年４月１日より中小企業に対しても施行されました。

②非正規雇用の処遇改善

同一企業内に正規雇用者と非正規雇用者がいる場合の不合理な待遇差の禁止、無期雇用への転換ルールの導入など、正規と非正規の格差を埋める改正が進められています。賃金や手当はもちろん、人事評価や能力開発、福利厚生なども含め、企業内の処遇の差は合理的なものに限定していくことが求められます。中小企業には猶予期間が設定され、２０２１年４月１日から施行されました。

③労働者派遣法の改正

派遣労働者の受入期間制限の見直しや教育訓練の義務化などにより、派遣労働者のキャリアアップが図られる法改正が行われています。

④同一労働同一賃金の推進

パートタイム労働法の改正により、正規雇用労働者と非正規雇用労働者の不合理な待遇差の解消が求められることとなりました。

⑤パワハラ防止法

パワーハラスメント防止措置、いわゆるパワハラ防止法が、２０２２年４月１日から中小企業へも義務化されています。

⑥育児介護休業法

育児介護休業法の改正は２０２２年４月１日から施行され、２０２２年10月１日、２０２３年４月１日と三段方式、大きく５つの内容で改正が進められていきました。ハラスメント対策も盛り込まれました。

このように労働法制は大きな変革期にあり、適正な管理と運用が企業に対し強く求められています。法改正の内容を正しく理解し、実務に反映していくことがミドルマネージャーの重要な役割となっています。

ミドルマネージャーは、すべての労働法の最新の動向についての詳細な情報を取得すべきで、組織内に共有するなど、業務に生かしてください。

5　環境ルールのチェックポイント

環境ルールチェックの４ポイント

ミドルマネージャーは、自社の事業活動が環境に与える影響を把握し、環境法規制や自社の環境方針に適合するように管理することが求められます。環境に関する法令や基準は多岐にわたり、違反すると罰則や損害賠償の対象となることもあります。そのため、ミドルマネージャーは、環境ルールのチェックポイントを把握し、自社の環境マネジメントシステムを適切に運用することが重要です。

環境ルールのチェックポイントとして、次の４つのポイントを挙げることができます。「環境パフォーマンスの測定と改善」「遵守義務の達成」「環境目標の設定と達成」「環境教育の実施」の４つです。詳しく見ていきます。

①環境パフォーマンスの測定と改善

環境パフォーマンスとは、自社の事業活動が環境に与える影響の程度や結果のことです。環境パフォーマンスは、定量的な指標で測定することができます。例えば、エネルギーや水の使用量、廃棄物の発生量、温室効果ガスの排出量などが挙げられます。ミドルマネージャーは、これらの指標を定期的に測定し、環境パフォーマンスの状況を把握することが必要です。

また、環境パフォーマンスの改善に向けて、具体的な計画や施策を立案し、実行することが求められます。環境パフォーマンスの改善は、環境保全だけでなく、コスト削減や競争力向上にもつながります。

②遵守義務の達成

遵守義務とは、自社の事業活動が環境に関する法令や基準に適合することを確保することです。

環境に関する法令や基準は、国や地方自治体、業界団体などが定めており、事業内容や規模によって異なります。例えば、大気汚染防止法、水質汚濁防止法、廃棄物処理法、騒音規制法、化学物質管理法などが挙げられます。

ミドルマネージャーは、自社の事業に適用される法令や基準を特定し、その内容を理解し、遵守することが必要です。また、法令や基準の変更にも対応することが求められます。遵守義務を達成することは、環境問題の予防やリスクの低減にもつながります。

③環境目標の設定と達成

環境目標とは、自社が掲げる環境方針を達成するために必要な具体的な目標のことです。環境目標は、環境パフォーマンスの改善や順守義務の達成に関連するものである必要があります。例えば、「エネルギー使用量を10%削減する」「廃棄物のリサイクル率を80%にする」「環境法規制の違反をゼロにする」などが挙げられます。

ミドルマネージャーは、環境目標を設定し、その達成に向けて計画や施策を立案し、実行することが必要です。また、環境目標の達成状況を定期的に評価し、必要に応じて見直しや改善を行うことが求められます。

環境目標の設定と達成は、環境マネジメントシステムの有効性を高めることにもつながります。

④環境教育の実施

環境教育とは、自社の従業員に対して、環境に関する知識や意識、技能を向上させるために行う教育のことです。環境教育は、環境マネジメントシステムの理解や運用、環境パフォーマンスの改善や遵守義務の達成に必要な内容を含める必要があります。

例えば、「環境方針や環境目標の内容と意義」「環境に関する法令や基準の内容と遵守方法」「環境に配慮した作業方法や省エネルギーの方法」などが挙げられます。

ミドルマネージャーは、環境教育の計画や実施、効果測定を行うことが必要です。環境教育の実施は、従業員の環境意識やモチベーションの向上にもつながります。

6　適切な税務対策を

ミドルマネージャーは税務にも精通すべき

ミドルマネージャーは、自分の部門の業績や予算管理だけでなく、税務に関するリスクも把握しておく必要があります。税務リスクとは、税務申告や納付に関する不適切な行為や不注意によって、税務調査や追徴課税、罰則などの不利益を被る可能性のことです。

つまり、税務リスクとは決して脱税が見つかることではなく、納税する側の主張や解釈が認められないことでもあると言えます。

そこで、税務リスクを最小限に抑えるためには、税の知識の習得、記録と管理、専門家との連携、最新税務情報の取得など、次のような税務対策を行うことが重要です。

税務リスクを最小限に抑えるために

①税の知識を習得しよう

まず、税務に関する基礎知識や最新の法令・制度を習得し、税務に関するコンプライアンス意識を高めることです。税務に関する法令や制度は、経済や社会の変化に応じて頻繁に改正されるため、常に最新の情報を入手し、正確に理解することが必要です。

例えば、最近のインボイス制度や電子帳簿保存法の改正がそれに当たります。

また、税務に関するコンプライアンス意識は、自分だけでなく、部下や関係者にも浸透させることが大切です。税務に関する教育や研修を定期的に実施し、税務に関するルールやマニュアルを作成、遵守することで、税務に関するコンプライアンス意識を高めることができます。

②適切な記録と管理を

次に、税務に関する適切な記録や管理を行うことです。税務申告や納付に必要な資料や書類は、正確かつ詳細に作成し、保存期間内に保管することが必要です。また、税務に関する取引や事象は、適時適切に記録し、管理することが必要です。

税務に関する記録や管理は、税務調査に備えるだけでなく、税務上の優遇措置や節税対策を活用するためにも重要です。税務に関する記録や管理は、システムやツールを活用することで、効率的に行うことができます。

③税の専門家との連携を

最後に、税務に関する専門家や外部機関との連携を図ることです。税務に関する知識や経験が不足している場合や、税務に関する複雑な問題に直面した場合は、税理士や税務コンサルタントなどの専門家や、国税庁や税務署などの外部機関との連携を図ることが必要です。

専門家や外部機関との連携は、税務に関する正しい判断や対応を行うだけでなく、税務リスクの早期発見や予防にも役立ちます。専門家や外部機関との連携は、信頼関係を築き、適切な情報交換や相談を行うことが重要です。

加えて、移転価格税制についても留意が必要です。海外関連会社との取引において、独立企業間価格の原則に則った適正な課税が求められます。グループ内取引における適正な課税処理は、税務リスク管理上看過できません。また、消費税の適用や源泉所得税の取扱いについても、最新の税制改正内容を正確に把握する必要があります。

ミドルマネージャーが税務リスクに対応すること

このように、ミドルマネージャーは、税務に関する基礎知識や最新の法令・制度を習得し、税務に関するコンプライアンス意識を高めること、税務に関する適切な記録や管理を行うこと、税務に関する専門家や外部機関との連携を図ること、の３つの税務対策を行うことで、税務リスクを最小限に抑えることができます。

税務リスクは、会社の経営や信用に大きな影響を及ぼすだけでなく、ミドルマネージャー個人にも責任や損害賠償の請求が及ぶ場合があります。経理・財務担当者はもちろんのこと、経理・財務以外のミドルマネージャーも、税務リスクに対する意識を高め、適正な課税の実現と企業利益の向上の両立を目指して、日々の業務に取り組むことが重要です。

実際に顕在化するリスク、つまり、失敗しがちな税務作業については、次のようなものが考えられます。

・税金申告の遅延または誤り
・税務法規違反
・移転価格の不適切な設定
・資金移動の不適切な処理

これらは一般的な例ですが、税務リスクは状況によって異なる場合があります。企業は専門家の助言を講じることが重要です。

7　法的トラブルを避けるコツ

法的トラブルを避けるコツとは

ミドルマネージャーは、経営層と現場の社員をつなぐ重要な役割を担っています。しかし、その立場ゆえに、契約トラブル、労務トラブル、知的財産トラブル、法令違反のトラブルなど、さまざまな法的トラブルに巻き込まれる可能性が高くなります。法的トラブルは、企業のイメージや信用を損なうだけでなく、多額の損害賠償や刑事責任を負うことにもなりかねません。

そこで、ミドルマネージャーが法的トラブルを避けるために心がけるべきコツを紹介します。

予防法務に取り組む

まず、法的トラブルを避けるためには、予防法務というものに取り組むことが大切です。予防法務とは、企業が法的な紛争を避けるために、あるいは法的な紛争が発生してもすみやかに解決できるように、予防するための取り組み全般を言います。

具体的には、契約書や就業規則の整備、自社の知的財産権の管理、債権の管理、日ごろの法令遵守体制の整備、従業員に対するコンプライアンス研修などといった活動がこれに該当します。

予防法務に取り組むことで、法的トラブルを事前に回避することができます。また、万が一法的トラブルが発生しても、自社に有利な証拠や主張を用意しておくことで、不利な解決を避けることができます。予防法務に取り組むことは、企業のリスク管理としても重要です。

情報収集・分析・共有・相談が必要

次に、法的トラブルを避けるためには、情報を的確に共有することが必要です。ミドルマネージャーは、経営層の意思を自分の言葉でチームに伝えること、目標に対する進捗状況を経営層に伝えること、他部署や社外の関係者とのコミュニケーションを円滑にすることなど、さまざまな情報伝達の役割があります。情報伝達の際には、誤解や齟齬を生まないように、明確かつ具体的に伝えることが大事です。

また、情報伝達だけでなく、情報収集や分析も重要です。自社の業務に関連する法令や判例、業界の動向、競合の状況などを常に把握し、法的トラブルの予兆やリスクを早期に察知することができれば、対策を講じることができます。

ミドルマネージャーとしては、法律の制定や改正を普段から気にしていなければなりませんし、コンプライアンスを常に考えなければいけません。少しでも法令違反の疑いがある場合は、その案件のストップを考え、早めにコンプライアンス部門に相談してください。

このような対策を講じることで、ミドルマネージャーは法的トラブルを回避しやすくなり、組織内での適切な業務遂行を進めやすくすることができます。

やはり顧問弁護士に早めに相談

最後に、法的トラブルを避けるためには、顧問弁護士に相談することが有効です。

顧問弁護士は、予防法務の取り組みをサポートするだけでなく、法的トラブルが発生した場合にも迅速かつ適切な対応を行ってくれます。顧問弁護士に相談することで、自社の法的リスクを把握し、法的知識や経験を活用してトラブルを解決することができます。

顧問弁護士に相談する際には、事実関係を正確に伝えること、必要な資料を提供すること、弁護士のアドバイスに従うことなどが重要です。

また、顧問弁護士に相談する際には、次の注意点に留意しましょう。

・相談の目的を明確にする
・適切なタイミングで相談する
・適切な専門分野の弁護士を選ぶ

・信頼できる弁護士を選ぶ
・事実を正確に伝えるとともに機密性を確保する

弁護士からのアドバイスや提案を十分に理解し、実施することが重要です。アドバイスに基づいて適切な行動を取ることで、法的リスクを最小限に抑えることができます。

また、リスク管理において顧問弁護士以外にも相談すべき専門家が存在します。税理士、公認会計士、社会保険労務士、中小企業診断士、リスク管理コンサルタント、保険アドバイザー、サイバーセキュリティ専門家、経営コンサルタントなどです。これらの専門家は、顧問弁護士との連携と併せて、組織のリスク管理をより効果的に支援してくれるでしょう。

ただし、具体的な状況や業界によって必要な専門家は異なる場合がありますので、組織のニーズに応じて適切な専門家を選択することが重要なのです。

ミドルマネージャーが法的トラブルを避けるために心がけるべきコツについて紹介しました。予防法務に取り組み、情報を的確に共有し、顧問弁護士や専門家に相談することで、法的トラブルを最小限に抑えることができます。

トラブルが発生した場合には、誠実な対応を心がけることが大事です。

原因を究明し、関係者に素早く謝罪するとともに、再発防止策を確実に実行することが重要です。

ミドルマネージャーは、企業のリスクマネジメントの責任者として、法的トラブルに対する意識を高め、日ごろから対策を講じることが求められます。

第6章　外部世界とのかかわり方

1　外部環境の変化を読む

外部環境の変化を読む

　まず、外部環境とは何か、なぜ重要なのか、どのように分析するのかという基本的なことを説明します。次に、現在や将来における外部環境の変化の例を挙げて、その影響や対応策を考えます。最後に、外部環境の変化を読むことのメリットや注意点をまとめます。

　ビジネスを成功させるためには、自社の内部環境だけでなく、自社を取り巻く外部環境にも目を向ける必要があります。外部環境とは、自社では直接コントロールできないものの、自社の業績や戦略に影響を与える要因のことです。例えば、経済、政治、法律、社会、技術、競合、顧客などが外部環境にあたります。

　外部環境は常に変化しています。変化に気づかなかったり、適切に対応できなかったりすると、自社の競争力や収益性が低下したり、リスクにさらされたりする可能性があります。逆に、変化を読み取り、機会として捉え、先手を打つことができれば、自社の強みを生かしたり、新たな価値を創造したりすることができます。

　では、どのようにして外部環境の変化を読むことができるのでしょうか？

一般的には、外部環境分析という手法を用いて、自社にとって重要な要因を洗い出し、その現状や将来の動向を調査・分析します。外部環境分析には、さまざまなフレームワークがありますが、ここでは、PEST分析と5フォース分析の2つを紹介します。

PEST分析

PEST分析とは、Politics（政治的要因）、Economy（経済的要因）、Society（社会的要因）、Technology（技術的要因）の頭文字を取ったもので、マクロ的な視点で外部環境を分析するフレームワークです。

例えば、次のような要因を考えることができます。

①政治的要因：政治の安定性、政策の方向性、法制度の整備、国際関係など

②経済的要因：経済成長率、景気動向、物価水準、為替レート、貿易状況など

③社会的要因：人口動態、ライフスタイル、価値観、消費傾向、社会問題など
④技術的要因：技術革新、デジタル化、インターネット普及、研究開発投資など
これらの要因が自社にどのような影響を与えるか、また、今後どのように変化するかを予測することで、自社の強みや弱み、機会や脅威を把握することができます。

5フォース分析

5フォース分析とは、競合他社の敵対関係、新規参入の脅威、代替品の脅威、売り手の交渉力、買い手の交渉力の5つの要因から、自社が参入している業界の競争環境を分析するフレームワークです。

例えば、次のような要因を考えることができます。

① 競合他社の敵対関係：競合の数や規模、競合の戦略や特徴、強みや弱みなど
② 新規参入の脅威：参入障壁の高さ、参入コストの大きさ、参入者の動機や能力など
③ 代替品の脅威：代替品の存在や性能、価格、利用しやすさ、需要など
④ 売り手の交渉力：売り手の数や集中度、差別化、ブランド力、依存度など
⑤ 買い手の交渉力：買い手の数や集中度、価格感度、情報量、代替可能性など

これらの要因が自社にどのような影響を与えるか、また、今後どのように変化するかを予測することで、自社の競争優位性や収益性を評価することができます。

外部環境の変化を読むメリット

こういった分析で外部環境の変化を読むのですが、外部環境の変化を読むことは、次のようなメリットもあります。

①自社のビジネスに影響を与える要因を洗い出すことによって、その現状や将来の動向を把握し、自社の強みや弱み、機会や脅威を明確にすることができる
②自社のビジネスに影響を与える要因を分析し、その変化に対応するための戦略や施策を立案することで、自社の競争力や収益性を向上させることができる
③自社のビジネスに影響を与える要因をモニタリングして、その変化に素早く対応すれば、自社のリスクを低減させることができる

自社を取り巻く外部環境の変化を読むことはこのようなさまざまなメリットがあります。そうすれば、自社が他社に比べてどう優れているのか、どのようにすれば利益につながるか、などがわかってきます。自社だけではなく外部環境にも目を配っていきましょう。

2　グローバルリスクの対応策

グローバルリスクとは

現代の世界を見ると、まさに多くのリスクがあることがわかります。最近でもロシアとウクライ

ナ、イスラエルとハマスなど、リスクが顕在化した地域もあります。まず、グローバルリスクとは何か、なぜ重要なのか、どのような種類があるのかという基本的なことを説明します。次に、直近起こりうるグローバルリスクの例を挙げて、その影響や予防策を考えます。最後に、グローバルリスクに対応するために必要なスキルや姿勢をまとめます。

グローバルリスクとは、国境を越えて多くの国や地域に影響を及ぼし、経済や社会、環境や安全保障などの分野に深刻な損害を与える可能性のあるリスクのことです。グローバルリスクは、自然災害や気候変動、感染症やテロリズム、サイバー攻撃や貿易戦争など、さまざまな形で発生します。グローバルリスクは、予測が難しく、不確実性が高く、相互に関連しているため、対応が困難です。

グローバルリスクに対応することは、ビジネスを成功させるために必要なことです。グローバルリスクによって、自社の業績や競争力、信頼性や持続可能性などが低下したり、リスクにさらされたりする可能性があります。逆に、グローバルリスクを読み取り、チャンスとして捉え、先手を打つことができれば、自社の強みを生かしたり、新たな価値を創造したりすることができます。

では、どのようにしてグローバルリスクに対応することができるのでしょうか？

グローバルリスクの対応3ステップ

一般的には、次の3つのステップを踏むことが推奨されます。

①グローバルリスクの特定と評価

自社にとって重要なグローバルリスクを洗い出し、その発生確率や影響度、自社の対応能力などを評価します。グローバルリスクの特定と評価には、PEST分析や5フォース分析などのフレームワークや、世界経済フォーラムのグローバルリスク報告書などの情報源を活用できます。

②グローバルリスクの予防と軽減

自社にとって高い優先度を持つグローバルリスクに対して、その発生を防ぐか、もしくは発生した場合にその影響を軽減するための戦略や施策を立案します。グローバルリスクの予防と軽減には、サプライチェーンの多様化や代替品の確保、リスク共有や移転、緊急対応計画の策定などの取り組みがあります。

③グローバルリスクのモニタリングと学習

自社が特定したグローバルリスクの動向や変化を常にモニタリングし、その情報を分析し、必要に応じて対応策を見直し、改善します。また、グローバルリスクに関する知識や経験を蓄積し、学習し、共有します。

グローバルリスクに対応するスキルと姿勢

グローバルリスクに対応するためには、次のようなスキルや姿勢が必要です。

●グローバルな視野と思考　：自社のビジネスに影響を与えるグローバルな要因や動向を広く認識し、それらを複合的に分析し、論理的に思考する能力です。

●変化への柔軟性と対応力　：グローバルリスクによって変化する環境に素早く適応し、問題解決や意思決定を行う能力です。
●協調とコミュニケーション：グローバルリスクに関する情報や知識を共有し、関係者と協力し、信頼関係を築く能力です。
●創造性と革新性　　　　　：グローバルリスクを機会として捉え、新たな価値やソリューションを創造する能力です。

以上のように、グローバルリスクに対応することは、自社のビジネスにとって有益なことですが、同時に困難なことでもあります。グローバルリスクに対応するためには、自社の内部だけでなく、外部の環境や関係者にも目を向けることが必要です。

グローバルリスクに対応する能力を高めることで、自社のビジネスを成長させることができます。

3　天災・災害時の備え

ミドルマネージャーの災害リスク管理

日本は地震や台風などの自然災害が多い国です。また、火災も年間約3万件発生しており、多くの人命や財産が失われています。これらの災害によるリスクを管理するためには、ミドルマネージャーとしてどのような備えをすべきでしょうか？

まずは、職場や自宅の安全の確保です。家具や家電の転倒防止対策を行い、火災警報器や消火器を設置し、定期的に点検しましょう。また、非常用持ち出しバッグや食料・飲料水などの備蓄品を用意し、いつでもすぐに避難できるようにしましょう。避難場所や避難経路も事前に確認しておき、同僚や家族と連絡方法や集合場所を決めておきましょう。

次に、災害時の行動についても事前に知っておくことが必要です。地震が起きたら、まず身の安全を確保し、落ち着いて行動しましょう。火災が発生したら、速やかに火を消し、家電製品の電源を切り、アイロンやドライヤーなどの熱を出す器具のプラグを抜きましょう。避難する前に、電気のブレーカーを切っておきましょう。外へ逃げる場合は慌てずに、裸足は避けて、瓦やガラスなどの落下物に注意しましょう。

災害はいつ起こるかわからないものですが、そのときにパニックにならないように、日頃から備えておくことが大切です。ミドルマネージャーとして、自分だけでなく、部下や上司、取引先などの関係者の安全も考える必要があります。災害に強い組織にするためには、防災教育や訓練を定期的に行い、防災意識を高めることが必要です。

災害は予測できないものですが、備えはできるものです。ミドルマネージャーとして、自分自身や周囲の人々の命を守るために、天災・災害時の備えをしっかりと行いましょう。会社のミドルマネージャーとしての天災・災害時の備えとは、自分自身や部下、取引先などの安全を確保し、事業を継続できるようにすることです。

具体的には次のような対策が必要です。

●自宅や職場の安全性を確保するための防災対策を行う
●災害発生時に業務を継続できるように事業継続計画（ＢＣＰ）を策定する
●災害時における社内ルールを策定し、周知する
●災害時におけるテレワークの実施方法を決めておく

ＢＣＰの策定などの企業防災

どれも重要な対策ですが、災害後に企業活動ができないのは致命的です。このうち特に行うべきものはＢＣＰ（事業継続計画）の策定です。ＢＣＰを作成するときのコツをお伝えします。

①数ある事業内容の中から想定されるリスクを洗い出し、優先順位をつけて復旧計画を立てる
②重要業務を特定し、遂行するための手立てや目標復旧時間を決める
③緊急時の体制を整備など事業継続のためのあらゆる計画を立て、マニュアルを作成する

この３つがＢＣＰ策定時のコツだと言われています。

このほか、

●避難訓練と行動指針の作成
●従業員に対する避難訓練の実施
●災害時の行動指針や避難経路の周知と定期的な確認

●緊急連絡体制の確立（災害時の緊急連絡先の整備と従業員への周知、メールやＳＮＳなどの情報共有ツールの準備）
●復旧と復興支援（被災地域への支援活動やボランティア参加の推進）
●従業員や関係者の安否確認とサポートの実施

など、企業防災として実施すべきことは多くあります。

これらは一部の例ですが、企業は自身の事業の特性やリスクに応じて、適切な防災対策を選択、実施する必要があります。また、定期的な研修や情報収集を通じて、最新の防災対策にも積極的に取り組むことが重要です。

これらの対策には、日頃からの準備や訓練が必要です。災害は予測できないものですが、備えは必ずできます。ミドルマネージャーは日々忙しいですが、天災や災害は必ず来ると思って、自分自身や周囲の人々の命を守るために、天災・災害時の備えをしっかりと行いましょう。

もちろん、企業防災においてＢＣＰ策定と併せて重要なのが、日頃からの防災意識の徹底と教育訓練の実践です。特に大地震や津波など天災による被害を想定したものが必要です。緊急連絡網の作成や確認、備蓄・設備の点検や社内体制の整備に加え、想定される災害ごとの行動マニュアルづくりや避難訓練、初動対処訓練などを定期的に実施します。発災時の混乱を最小化するとともに、緊急時の組織能力を高めることを目的としています。

この防災意識と経験の蓄積が、より強靭な事業継続体制の構築につながります。

4　政治的変動とビジネス

政治的変動の例

世界ではさまざまな事象事件が起こっています。グローバルリスクの項で述べたようにウクライナや中東での紛争戦争はその例です。グローバル化の進展に伴い、ビジネスは政治的な要因による影響を受けやすくなっているのです。政治的変動とは、国内外問わず、政治的な状況や関係が急激に変化することで、ビジネスに不確実性やリスクをもたらすことです。

政治的変動の例としては、次のようなものが挙げられます。

●選挙や政権交代による政策や規制の変更
●紛争やテロ、クーデターなどの暴力的な事態の発生
●貿易戦争や経済制裁などの通商摩擦の激化
●ＥＵ離脱や中東和平などの地域的な統合や分裂の動き
●新型コロナウイルス感染症などのパンデミックの発生

これらの政治的変動は、ビジネスにさまざまな影響を与えます。具体的には、次のような影響が考えられます。

●市場や需要の拡大や縮小

●財務や資金調達の困難化
●人材や物流の流動性の低下
●サプライチェーンやオペレーションの中断
●企業評価やブランドイメージの損傷

政治的変動への対策

政治的変動に対応するためには、ビジネスでは次のような対策を講じる必要があります。

●政治的な状況やトレンドを常にモニタリングし、シナリオ分析やリスク評価を行う
●政治的な関係者やステークホルダーとのコミュニケーションやロビー活動を強化する
●多様な市場やパートナーにアクセスできるように事業の多角化やグローバル化を推進する
●災害やトラブルに備えて事業継続計画（ＢＣＰ）を策定し、定期的に見直しや訓練を行う
●外部環境の変化に対応できる危機管理体制を整え、レジリエンスを高める

いずれの対策も、絶えず環境をモニタリングし、先手を打つことが有効になります。

生まれる新たなニーズや市場

政治的変動は、ビジネスにとって大きなチャレンジですが、同時に大きなチャンスでもあります。政治的変動によって新たなニーズや市場が生まれることもあります。ビジネスは、政治的変動に柔

軟に対応し、イノベーションや競争力を高めることができれば、成長の機会を掴むことができるでしょう。

政治的変動によって生まれる新たなニーズや市場とは、政治的な状況や関係が変化することで、消費者や企業の行動や価値観が変わり、新しい商品やサービスの需要が生まれたり、新しい市場が開拓されたりすることです。

例えば、次のようなニーズや市場が考えられます。

政治的変動によるニーズや市場のような例としては、まず、貿易戦争や経済制裁などの通商摩擦によって、国際的なサプライチェーンが崩れて、物流コストが高騰したりする場合、国内や地域内での自給自足や地産地消のニーズが高まります。また、代替品や新素材の開発や需要も増えます。

ＥＵ離脱や中東和平などの地域的な統合や分裂の動きによって、既存の市場や貿易ルートが変化したり、新たな市場や貿易ルートが生まれたりする場合、新しいビジネスチャンスやパートナーシップが生まれますし、地域の安定や発展に貢献する社会的企業やＮＧＯなどの活動も増えるでしょう。

ここ数年のような新型コロナウイルス感染症などのパンデミックの発生によって、感染予防や医療体制の強化のニーズが高まるほか、それにより、在宅勤務やオンライン教育などのデジタル化のニーズも高まります。さらに、それによって社会的距離や自粛生活が長くなり、メンタルヘルスやレジリエンスの向上のニーズも高まります。事実、ここ数年はそういう状態になったことはご存じの通りです。

政治的変動によって生まれる新たなニーズや市場は、ビジネスにとって大きなチャレンジですが、同時に大きなチャンスでもあります。政治的変動に柔軟に対応し、イノベーションや競争力を高めることができれば、成長の機会を掴むことができるでしょう。

5　地域との連携方法は

地域連携は重要課題

ミドルマネージャーとして、自社の事業を成功させるためには、地域との連携が欠かせません。地域との連携とは、自社の事業に関係する地域の住民や団体、行政などと協力し、相互に利益や価値を創出することです。

では、企業にとって、なぜ地域連携が大切なのでしょうか。

まず、企業には社会的責任の遂行というミッションがあるからです。地域連携は企業の社会的責任を果たすための重要な手段です。企業は地域社会の一員として、地域の発展や福祉に貢献することが求められます。

また、ブランド価値の向上のためにも必要です。地域連携は企業のイメージやブランド価値を向上させる要素となります。地域との協力や支援活動は、企業の信頼性や好感度を高め、顧客やステークホルダーからの支持を得ることにつながります。

次に人材確保と雇用環境の向上のためにも地域連携すべきでしょう。地域との良好な関係構築は、企業にとって優秀な人材を確保するうえで重要です。地域の人々との協力関係や地域への貢献は、企業に魅力的な雇用環境をもたらします。そして、リスク管理と事業継続ということも理由になるでしょう。なぜなら、地域連携は、災害時のリスク管理と事業継続にもかかわるからです。地域との密な連携を通じて、災害時の情報共有や支援体制の構築が可能となり、災害時以降の事業の継続性を確保することができるのです。

それ以外に、地域と連携することで、地域のニーズやトレンドを把握し、事業の企画や開発に活かすことができますし、人材以外でもさまざまな資源を活用し、事業のコストやリスクを減らすことができます。結果的には、地域の信頼や支持を得て、事業のブランディングやマーケティングに効果を発揮することになるでしょう。

地域連携を行うために

そこで、地域との連携を行うためには、次のような方法が有効だと考えられます。

①地域の情報収集や分析を行い、自社の事業との関連性や相乗効果を探る
②地域の関係者とのコミュニケーションやネットワーキングを積極的に行い、信頼関係を築く
③地域の関係者との共通の目標やビジョンを設定し、協働の枠組みやルールを明確にする

④地域の関係者との協働の成果や効果を定期的に評価し、改善や発展につなげる

地域との連携は、単なる寄付やボランティアではなく、事業の一部として位置づけてください。地域との連携によって、自社の事業だけでなく、地域の発展や活性化にも貢献できます。ミドルマネージャーとして、地域との連携方法を工夫し、事業の成長と社会の変革に挑戦しましょう。

地域との連携の具体例として、次のような事例が挙げられます。

①地域の特産品や観光資源を活用した商品やサービスの開発や販売
②地域の教育機関や社会教育施設との連携による人材育成や教育支援
③地域の福祉機関やボランティア団体との連携による高齢者や障害者の支援や地域包括ケアの推進
④地域の環境団体や行政との連携による環境保全やエコロジーの啓発

このような例が国内でいくつも展開されています。

地域情報の収集や分析

地域の情報収集や分析を行う場合、その方法は、次のようなものがあるので参考にしてください。

①統計データを収集する

地域の人口や世帯構成、高齢化率、所得水準、福祉サービスの利用状況などの統計データを収集し、地域の特徴や傾向を把握することができます。統計データは、国や自治体の公開データや、自ら調査を行って収集することができます。

ただ、このデータは量的な情報として客観的に地域の状況を示すことができますが、質的な情報やニーズや課題を把握するには不十分です。

②地域住民や関係者とのコミュニケーション

地域の住民や団体、行政などの関係者とのコミュニケーションを通して、地域の歴史や文化、価値観、ニーズや課題、資源や活動などの情報を収集することができます。コミュニケーションの方法は、座談会やワークショップ、インタビューやアンケートなどです。

ただ、このコミュニケーションの方法は、質的な情報や主観的な意見を聞くことができますが、バイアスや偏りに注意する必要があります。

③地域の現場の観察と参加

地域の現場に足を運び、観察や参加を通して、地域の雰囲気や生活実態、問題や課題、資源や活動などの情報を収集することができます。観察や参加の方法としては、地域の施設やイベント、活動などに出向いたり、住民との交流やボランティアなどに参加します。観察や参加は、実感や体験を通して地域の状況を理解することができますが、時間や労力がかかることや、個人的な感情や偏見に影響されることに注意する必要があります。

以上が、地域の情報収集や分析を行う方法の一例です。地域の情報収集や分析は、地域の特性や目的に応じて、適切な方法を選択し、複数の方法を組み合わせることが重要です。

また、地域の情報収集や分析は、地域の住民や関係者との協働や参画を促すことも大切です。

地域の情報収集や分析を通して、地域のニーズや課題を明らかにし、地域の福祉やまちづくりに役立てることができます。

これらの事例からもわかるように、地域との連携は、自社の事業にとどまらず、地域のさまざまな分野に貢献することができます。地域との連携は、自社の事業だけでなく、地域の未来を創ることにもつながります。ミドルマネージャーとして、地域との連携方法を工夫し、事業の成長と社会の変革に挑戦しましょう。

6　企業の社会的責任とは

重要視されている企業の社会的責任

企業の社会的責任（CSR）とは、企業が利益の追求だけでなく、環境や人権などの社会的な課題にも配慮した行動を実践し、法律や社会規範を遵守するとともに、企業情報を開示し、企業活動の透明性を高め、顧客・従業員・株主・地域社会などのステークホルダー（利害関係者）への説明責任を果たすことを指します。企業の社会的責任は、近年ますます重要視されるようになっています。

具体的には、人権の尊重、労働者の健康と安全の確保、公正な事業慣行の遵守、環境保全への取り組みなどがあげられます。例えば、衣料品メーカーが劣悪な労働環境の海外工場を改善したり、電力会社が再生可能エネルギーを積極的に導入したりすることが、社会的責任の表れと言えます。

消費者からの信頼を得るためにも、社会や環境に正の影響を与える存在であることが企業には求められています。具体的な活動としては、環境活動としての省エネやリサイクルの推進、地域社会への貢献活動の実施、ダイバーシティの推進による働きやすい職場づくりなどがあげられます。

例えば、省エネ活動としては、工場での省エネ設備の導入や、ペーパーレス会議の推進などが考えられます。地域貢献としては、学校や児童館への従業員ボランティアの派遣、河川の清掃活動への参加などがあります。ダイバーシティのためには、女性管理職の登用目標設定や、育児休業取得のしやすい職場風土づくりが重要です。

CSR活動を成功させるために

このようなCSR活動を通じて、社会的評価を高め、期待に応える企業グループを目指すことが重要です。ミドルマネージャーには、部下とともCSR活動に積極的に取り組むことが求められています。CSR活動を成功させるためには、従業員1人ひとりの協力が欠かせません。ミドルマネージャーは、部下に活動の意義を十分に理解してもらうための教育が必要です。CSR活動を自分ごととして捉えられるよう、動機づけることが重要なのです。

また、CSR活動の成果を定量的に測定し、PDCAサイクルを回すことも求められます。省エネ効果の数値化や、地域からの感謝の声を集めるなど、成果を確認することで、継続的な改善につなげることができます。

では、具体的なＣＳＲの実践方法について説明しましょう。

経営層のリーダーシップと経営方針や戦略への反映

経営層は、ＣＳＲの重要性や目的を明確にし、経営方針や戦略に反映させることが必要です。また、ＣＳＲの取り組みに対する経営層の責任や責務を明確にし、組織全体に浸透させることが必要です。

①ステークホルダーとの対話と協働

企業は、自社の事業に関係するステークホルダーを特定し、そのニーズや期待、課題や問題を把握することが必要です。また、ステークホルダーとの対話や協働を通じて、ＣＳＲの取り組みの方向性や内容、成果や効果を共有することが必要です。

②ＣＳＲの統合と管理

企業は、ＣＳＲの取り組みを経営戦略や事業計画に統合し、組織全体で展開することが必要です。また、ＣＳＲの取り組みに関する組織や体制、規定や指針、目標や指標、予算や資源を整備し、効果的に管理することが必要です。

③ＣＳＲの評価と報告

企業は、ＣＳＲの取り組みの成果や効果を定期的に評価し、改善や発展につなげることが必要です。また、ＣＳＲの取り組みの内容や状況、成果や効果をステークホルダーに対して適切に報告することが必要です。

ＣＳＲは、企業の事業や特性に応じて、具体的な内容や方法を工夫することが重要です。ＣＳＲに取り組むことで、企業は社会的な責任を果たすとともに、自社の競争力や信頼性を高めることができるのです。ぜひ、ＣＳＲマネジメントを戦略的に進めて、信頼される企業ブランドを確立してください。

7　グリーン経営の推進

グリーン経営とは

グリーン経営とは、環境保護の観点から、事業活動に伴う資源・エネルギー消費と環境負荷の発生をライフサイクル全体で抑制し、持続可能な消費と生産を促進することを目指す経営のことです。

グリーン経営を実現するために、企業が自主的かつ計画的に環境保全活動を行い、その成果や効果を評価し、改善や発展につなげなければなりません。これによって、リスクの低減化にもつながっていくのです。

グリーン経営は、環境への責任感や社会的な要請に応じながら、経済的な成果を上げることが求められます。現代の経済社会において非常に重要な役割を果たしています。

グリーン経営の推進の必要性

グリーン経営の推進は、近年ますます重要視されるようになっています。その背景には、次のような要因があると考えられます。

①環境問題の深刻化

地球温暖化や生物多様性の減少、資源の枯渇などの環境問題は、人類の生存や発展に深刻な影響を及ぼしています。企業は、環境問題の原因や解決の鍵となる存在として、環境保護に責任を持つ必要があります。

②消費者や投資家の意識の変化

消費者や投資家は、商品やサービスの品質や価格だけでなく、企業の環境保全活動や評価も重視するようになりました。特に、環境や社会に配慮した商品やサービスの需要が高まっています。

③国際的な枠組みや基準の整備

国連やＯＥＣＤなどの国際機関は、企業の環境保全活動に関する枠組みや基準を策定し、企業に対して自主的な遵守や報告を求めています。例えば、パリ協定は、温室効果ガスの削減目標を設定し、企業に対して温暖化対策の実施や開示を求めています。

④コスト削減と効率性の向上

グリーン経営は、環境に配慮しながらも、経済的なメリットをもたらすことがあります。例えば、省エネルギーの導入や再生可能エネルギーの利用は、エネルギーコストの削減につながります。

グリーン経営の推進のメリット

①リスクの低減

企業は、環境法規や規制の遵守や対応により、法的なリスクやコストを低減することができます。また、環境問題による事業の中断や損失リスクを低減することができます。

②競争力の向上

企業は、環境保全活動により、資源やエネルギーの効率的な利用やコスト削減、イノベーションや生産性の向上などの効果を得ることができます。また、環境に配慮した商品やサービスの開発や提供により、市場のニーズやトレンドに対応することができます。

③ブランド価値の向上

企業は、環境保全活動の内容や成果を積極的に発信することで、消費者や投資家などのステークホルダーからの評価や支持を得ることができます。また、環境保全活動に対する企業の姿勢やビジョンを明確にすることで、ブランドの差別化や魅力を高めることができます。

グリーン経営の推進の方法

ミドルマネージャーがグリーン経営の推進していく際にはどのような方法が考えられるのでしょうか。

次の3点が重要になります。

①環境マネジメントシステムの導入

環境マネジメントシステムとは、企業が環境保全活動を計画・実施・評価・改善するための仕組みのことです。例えば、ＩＳＯ１４００１やエコアクション21などの国際的な基準に基づいて、環境方針や目標を設定し、環境負荷の低減や環境配慮製品の開発などの活動を行い、その効果を測定し、改善することができます。

②環境報告書の作成と公表

環境報告書とは、企業が環境保全活動の内容や成果をステークホルダーに対して報告するための文書のことです。例えば、環境保全活動の方針や目標、実施状況や評価結果、環境負荷の量や削減効果、環境配慮製品の紹介などの情報を記載し、ウェブサイトやパンフレットなどで公表することができます。

③環境教育や啓発活動の実施

環境教育や啓発活動とは、企業が従業員やステークホルダーに対して、環境問題や環境保全活動に関する知識や意識、行動を向上させるための活動のことです。例えば、環境に関する研修やセミナー、環境保全活動への参加や協力、環境に関する情報の発信や交流などの活動を行うことができます。

グリーン経営の推進は、企業の事業や特性に応じて、具体的な内容や方法を工夫することが重要です。グリーン経営の推進によって、企業は、環境保護に貢献するとともに、競合に打ち克つことができるのです。

第7章　ネットの落とし穴

1　情報伝達の仕組みが変わった

ネット社会になって情報伝達が大きく変化しています。これにより、新たなリスクが生まれてきたのです。炎上などのネットトラブルです。

これは、情報伝達の仕組みが変わったことが大きな原因なのです。わかりやすく解説しましょう。

以前の情報伝達

かつての情報伝達は一方通行の手法を中心としていました。新聞、ラジオ、電話、テレビなどのメディアが情報の主要な流通手段で、情報発信者と受け手の役割は明確に分かれていました。マスメディアが提供する情報を受け、人は感動し、話題にし、クチコミで広げていました。一方通行だったわけですね。

しかし、受け手には情報をじっくりと消化し考える

【以前の情報伝達】

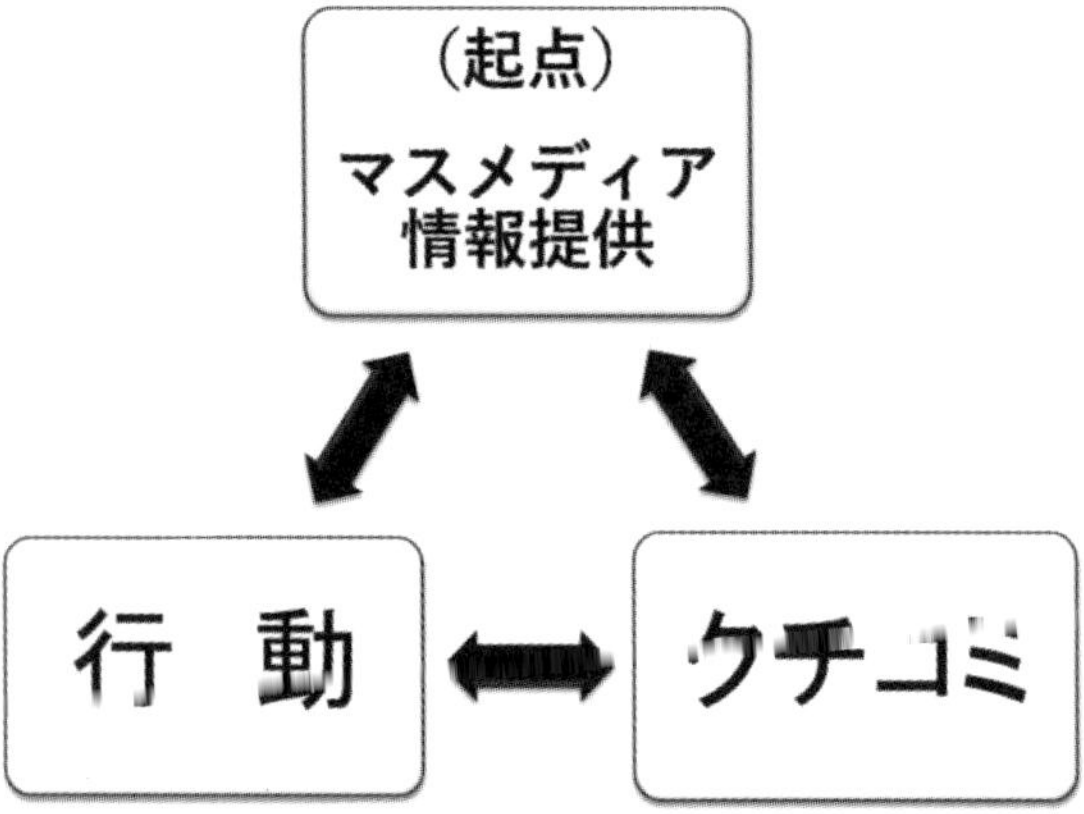

時間がありました。

このように、情報がいろんな人たちに広がる速度は遅く、多くの声が表面に出ることは稀でした。

現代の情報伝達

現代はまったく違います。インターネットとＳＮＳの出現により、情報の発信、拡散、そして交流は目を見張るほど進化しました。今や個々のユーザーが情報を世界に発信し、瞬時に広がり、いろいろな意見が交錯する環境が生まれています。この新しい動きは、意見が集まりやすく、社会全体に大きな影響を与えるパワーを持つようになりました。

現代は、まさに「国民総発信時代」と言えるのです。

ネット炎上の根本的な原因

この速さとパワーがネット炎上という現象を引き起こしやすくしているのです。

【現代の情報伝達】

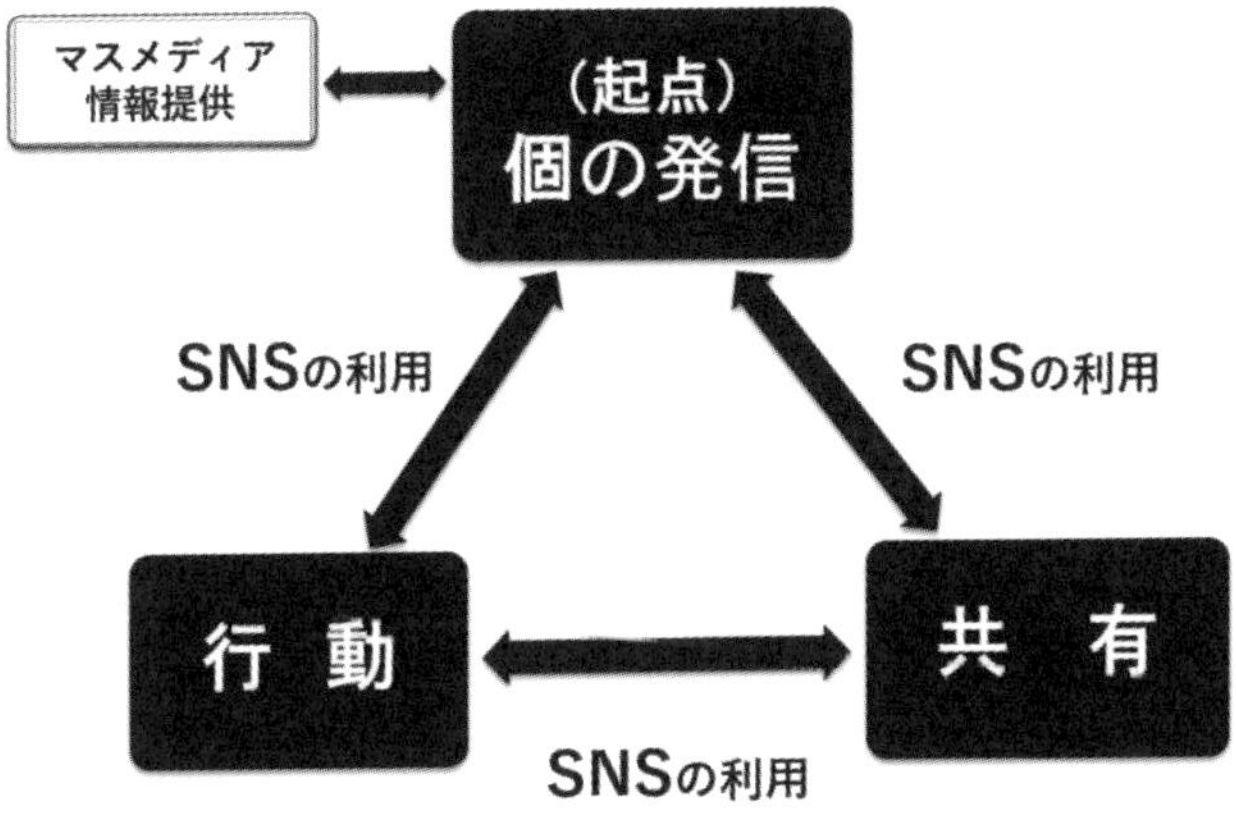

情報が瞬間的に拡散し、さまざまな意見や議論が交差します。この進化に対応するため、私たちは情報の扱い方を考え直す必要があります。ネット炎上は私たちの情報取り扱いスキルや互いを理解しようとする態度を見直す絶好の機会かもしれません。この現象は、ただの混乱やそこにかかわる現象以上の意味を持っていると思います。それは、情報をどのように流通させ、消費し、また反応するかを考え直すきっかけを与えてくれるものです。現代では、情報を受け取る便利さだけでなく、その影響力を考え、適切に使うことが求められています。

現在の情報伝達は、インターネットとSNSが中心になっています。これまでのように特定のメディアや個人から一方的に発信されるだけではなく、ユーザーは情報を受け取る側でありながら、同時に発信者となり得ます。さらに、ユーザー同士で情報を直接交換することも可能です。この「双方向性」により、情報の伝達は大きく広がり、速度も加速しています。リアルタイムで世界中の人々と情報を共有できていますね。

最近では、マスメディアからの情報がSNSで広がり、社会現象を引き起こすことも多くなってきました。ある事象がリアルでもネットでも話題になることもあるのです。ネガティブな情報が大きな炎上になるのは、このリアルとネットのハイブリッド社会がそうしているのかもしれませんね。

炎上リスクの原因と対策を知ろう

このような変化は、情報がどのように広まるか、どれだけ速く広まり、どのような影響を及ぼすかに決定的な違いを生んでいるのです。現代では、ネット炎上が起こりうる原因や、それによって社会や個人に与える影響を理解し、対応する知識と技術が求められています。

情報の正しい扱い方を学習し、社会において起こり得る炎上リスクに対して、原因と対策を知る事は、すべてのミドルマネージャーにとって必須のスキルと言えるでしょう。よりよい情報の取り扱いと、ひいてはよりよい社会をつくり上げるため、それぞれの立場で責任ある行動を取ることが重要だと思います。

炎上リスクに対処するスキル

このような時代だからこそ、情報が広まる仕組みや、その速さと影響力について理解し、適切な対応をする知識と技術が必要です。情報の正しい扱い方を覚えることは、炎上リスクに対処するための必要なスキルです。ミドルマネージャーはもちろん、それぞれの立場において、責任ある行動が重要です。よりよい情報の取り扱いで、よりよい社会をつくるために頑張りましょう。

次の項目では、炎上リスクであるＳＮＳのトラブルについてお話します。

2　ＳＮＳでのトラブルを避ける

ＳＮＳは私たちの生活に欠かせないツールとなりましたが、職場での役割を考えると、ＳＮＳを使う際に気を付けるべき点がたくさんあります。本項目では、ＳＮＳでのトラブルを避け、スマートに利用するためのポイントをやさしく紐解いていきます。

ミドルマネージャーが意識すべき影響

まず、ミドルマネージャーは会社の顔とも言える存在ですよね。したがって、自らの発信内容がどう映るかを常に意識する必要があります。ここで大切なのは、自分が発する言葉がチームや会社にどのような影響を与えるかをよく考えることです。たとえ個人的なアカウントであっても、その内容はプロフェッショナルな立場に影響を与えかねません。

次に、プライバシーにも気を配りましょう。例えば、会社の内部情報や未発表情報をアップしてしまうと大きなトラブルの元となります。また、個人の意見を述べる際にも、会社の政策と矛盾しないよう慎重かつ配慮が必要です。

ＳＮＳトラブルの予防策とコツ

それでは、具体的な予防策やコツなどについて見ていきましょう。

●社内のガイドラインや規則に従う

企業によっては、ソーシャルメディアポリシーなどＳＮＳの利用に関する規則やガイドラインが設けられていることがあります。これらを再確認し、ルールを守ることが大切です。

●発言の影響力を理解する

ミドルマネージャーは会社の代表として見られることが多く、ＳＮＳでの発言がビジネスの世界に及ぼす影響は大きいです。自らの発言が自身だけでなく、組織にも影響を与えることを常に意識することが必要です。

●プライベートとの境界線

業務と個人生活の区分は明確に。友人や家族向けのアカウントと、ビジネス関連のアカウントは分けて管理することが推奨されます。

●慎重なプライバシー管理

個人的または他者のプライバシーや機密情報を保護すること。無意識のうちに機密情報を漏らしたり、プライバシーを侵害したりすることがないように注意が必要です。

●感情的な投稿を避ける

感情に流されて不適切なコメントをすることがないように、冷静さを保つことも大事です。炎上を避けるためにも、投稿前に一呼吸置いて、内容を再確認する習慣をつけましょう。

●反応をよく考える

トラブルになる可能性のある投稿や、炎上しそうな話題には慎重に反応し、必要に応じて専門家の意見を求めることも大切です。プライベートで投稿するにせよ、少しでも炎上してしまうと企業名や氏名を調べられてしまいます。慎重に行動することが肝心です。

●投稿へのリスク管理と迅速な対応

他者からの反応や炎上に備えて、投稿に対するリスク管理を行い、必要に応じて迅速に対応できる体制を整えることが求められます。

●定期的なリスク管理

定期的に自身のＳＮＳの使い方を振り返り、リスクを見つけたらその都度、対策を講じることが重要です。

●教育と訓練

ＳＮＳのトレンドは絶えず変化しているため、自己研鑽を怠らず、最新の情報に基づいた知識を身につけ、チームにも共有することが望ましいです。ＳＮＳトラブルを避けるのも教育と訓練次第です。今や、災害避難訓練のような炎上防止訓練を企業で行うことが求められる時代になっています。

ＳＮＳは便利なツールですが、使い方を間違えると大きなトラブルにつながることもあります。身を守り、職務に支障をきたさないためにも、これらのポイントを守り、賢くＳＮＳを使いこなしましょう。ビジネスマンとしての信頼と評価を維持するためにも、ＳＮＳでのマナーは必須のスキルなのです。

これらのポイントを心がけることで、ＳＮＳでのトラブルを未然に防ぎ、ミドルマネージャーとしての信頼とプロフェッショナルなイメージを保つことができると思います。

３　炎上はどうして起こるのか

炎上のプロセス

炎上はどうして起こってしまうのでしょうか。

炎上のプロセスを考えてみましょう。炎上の段階は、小炎上、中炎上、大炎上の３段階があると考えられます。

ネット上の一部でしか炎上していない「小炎上」、まとめサイトやインフルエンサー、ネットニュースに共有されて、途端に大変な状態になり、一部のマスメディアも取り上げる「中炎上」、ほとんどのマスメディアもネットメディアも取り上げて全国的に話題になる「大炎上」の３段階です。

２０２３年に炎上した、岐阜と名古屋の回転寿司店での高校生や成人男性による迷惑動画は、最近の典型的な大炎上の例です。その動画は何百万のユーザーに共有拡散され、最終的には全国ニュースになり、ワイドショーなどで大変話題になりました。その成人男性に至っては、威力業務妨害罪等で逮捕起訴されてしまいました。

小炎上は毎日のように起こりますが、ネット上で、まとめサイトや炎上インフルエンサーに取り上げれるとネット上で燃料が投下された形になり、瞬く間に中炎上に向かいます。まとめサイトや炎上インフルエンサーと呼ばれる人たちは、注目が浴びる、つまり多くのユーザーたちがそのサイトやアカウントに集まると、広告収入が増えて財布が潤うので、どんどん拍車がかかります。これも炎上が進んでしまう要因と言われています。注目度が高まるとマスメディアが動くのは当たり前で、世の中の話題になって社会全体から注目されてしまうわけですね。

これら炎上の3段階すべてが起こる過程は同じです。まずは発端となる議論の種が投稿され（発火期）、次にさまざまなSNSへ共有拡散が始まります（拡散期）。そしてしばらくその状態が続き、最終的には終息へと向かいます（終息期）。最後の終息期になると、時間の経過とともに批判の勢いは徐々に収まっていきます。ただし、事案によっては、大炎上となって、社会の注目を浴びてしまうと、完全には収まらないこともあります。なかなか終息せず、批判の声が残るケースがあります。

企業や団体が炎上してしまうと……

では、企業や団体が炎上するとどうなるのでしょうか。

まず、不買運動や取引停止などの消費者や取引先、株主からの反発によって、株価や売上、利益が下落します。また企業としての信用やブランドイメージが低下し、競争力や市場シェアが減少するほか、クレーム対応や商品回収や返金対応、訴訟対応などによって、コストが増加してしまいます。

影響はコストだけではありません。求人応募者の減少や内定辞退者の増加などによって、人材確保が困難になったり、従業員のモチベーションが低下したり、退職者が増加したりします。最悪なケースでは、倒産や廃業に追い込まれてしまうこともあるのです。

迅速かつ適切な対応が重要

規模と影響範囲により異なるとはいえ、その後のさまざまな影響を最小限に抑えるためにも、企業として一番重要なのは、迅速かつ適切な対応なのです。

もし、自社で炎上してしまったら、先手を打つことで、最悪の状況を防ぐことができるということをミドルマネージャーは忘れてはなりません。

最近の炎上事案を見ていると、以前よりも炎上の速度が速くなっている気がします。炎上系インフルエンサーやまとめサイトなどをよく見る人が多くなったり、マスメディアが火をつける事案が多くなっているからだと思います。

いずれにしても小炎上の段階で対応しないと、中炎上、大炎上に向かっていきます。ネットのことはよくわからないけど、そのうち静かになるよと思って何も対応しないと、大変な状況に陥る時代なのです。

【炎上のプロセス】

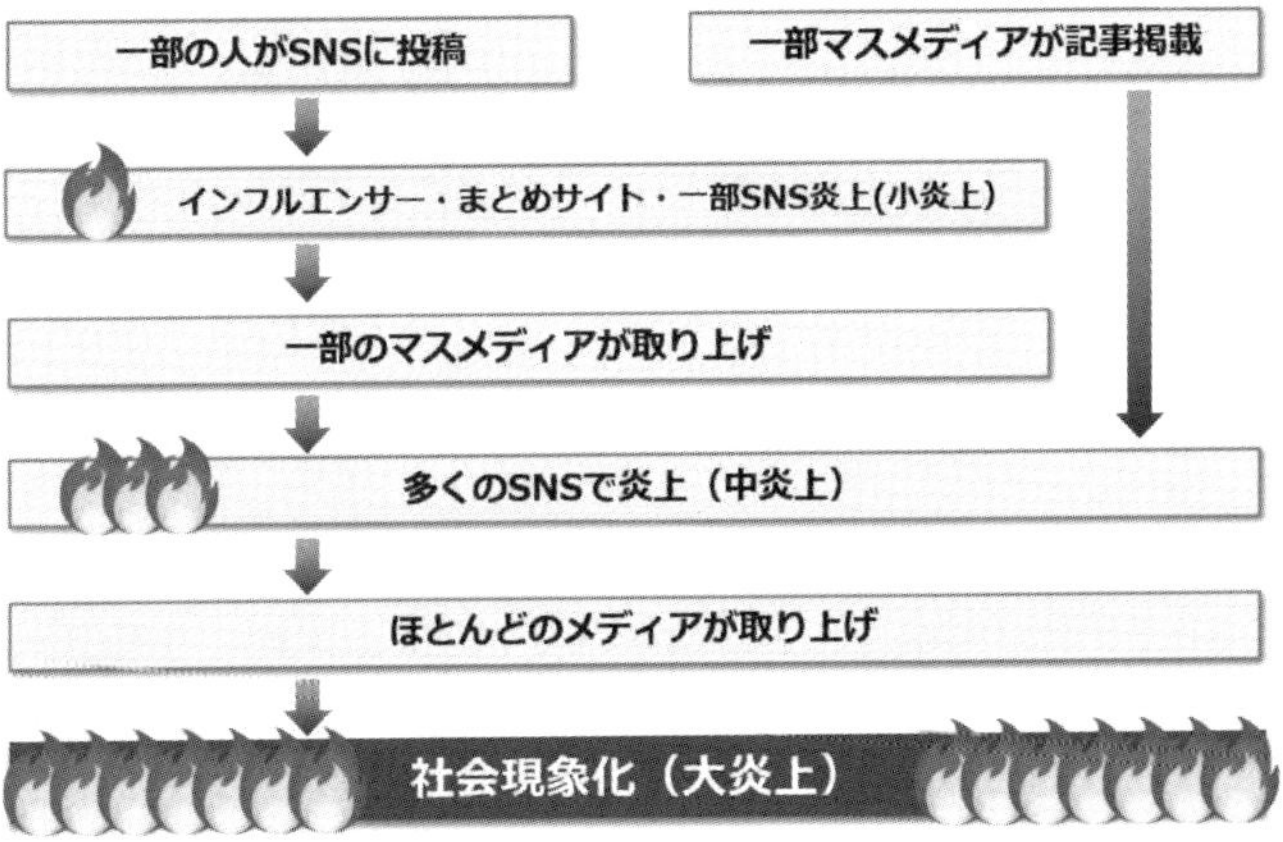

4　知ってほしい炎上対策とは

炎上対策を知って備える

炎上は、オンライン上での意見や情報の拡散が一瞬で広がる現代社会において、避けて通ることのできないリスクです。特にミドルマネージャーと呼ばれるポジションにある方々は、企業や組織の声を代表し、意見を発信する立場であるため、炎上に対する対応策を理解し、備えておくことが重要です。炎上対策のポイントを4つにまとめました。

炎上対策の4つのポイント

①ソーシャルリスニングを行う

炎上の火種は、オンライン上で発信される情報によって生まれます。ミドルマネージャーとして、常にSNSやオンラインコミュニティーを監視し、企業やブランドに関する言及や潜在的なリスクを把握することが重要です。

②社内外のコミュニケーションの強化確立

事前に炎上に備えるために、コミュニケーションのルールやガイドラインを整備しましょう。社内外の関係者とのコミュニケーションを重視し、問題が発生したら的確な情報発信を行うことが重要です。社内の従業員や関係者への情報共有や指示の明確化は、炎上時においても重要になります。また、炎上による影響を最小限に抑えるためには、関係者や影響を受ける人々とのコミュニケーションを強化することも必要です。

③スキルの習得と情報の継続的な学習

炎上対策のスキルや知識は継続的に学び続ける必要があります。トレーニングや研究の機会を活用し、最新のトレンドやテクニックを把握することで、的確な対応策を取ることができます。

炎上はあらゆる組織や企業にとって避けられないリスクですが、適切な対応策を持つことで、そのリスクを最小限に抑えることができます。

④リスク管理の意識

リスクを事前に予測し、対策を立てることが重要です。過去のケーススタディやアクシデントの分析を通じて、炎上リスクの特定と予防策を見極めることが求められます。例えば、ネット炎上対策やデジタルリテラシーに関するオンラインコースやセミナーは、最近の情報や技術を学ぶのに役立ちますし、専門書や業界誌を読むこともいいでしょう。

もし、組織が炎上してしまったら、ミドルマネージャーとしては、炎上時に冷静な判断力と的確なコミュニケーション能力を発揮することが求められます。これらの対策を踏まえながら、明確なビジョンと組織の信頼を築くことで、炎上リスクを抑制し、組織の発展に貢献していくことができるでしょう。次に炎上時の対応ポイントを掲げます。

ミドルマネージャーがするべき炎上時の対応

①素早くかつ適切な対応を心掛ける

炎上が起きた際には、即座に対応することが求められます。迅速な反応と適切な対応で、事態を収束させることができます。社内の関係者と連携し、感情的にならず客観的な判断を行うこと、また公式なコメントや謝罪文の作成には十分な時間と注意を払うことが大切です。

②透明性と公正性を重視する

炎上の原因となる情報が誤解や不正確なものである場合、事実を明確に伝えることが重要です。また、公正な立場を保ちつつ、誠実な姿勢で問題解決に取り組むことが求められます。迅速かつ適切な対応をするためには、問題の本質を把握するための徹底した調査が欠かせません。

③社内外へのサポート体制の構築

ミドルマネージャーは、組織内外のコミュニケーションの架け橋として、重要な役割を果たさなければなりません。炎上などのトラブルが発生した際には、社内外の関係者をサポートする体制を整えることも大切です。メディア対応など外部とのコミュニケーションは広報担当者と連携して実施してください。

ミドルマネージャーが炎上対策について推進すること

具体的にはミドルマネージャーは何を推進していけばいいでしょうか。

考えられる取り組みを列挙しましたので、参考にしてください。

●ＳＮＳリスクに関する定期的な研修の実施
●ＳＮＳ利用時の注意点をまとめたマニュアルの作成
●模擬トレーニングによる事例対応力の養成
●相談窓口の設置による日常的な対話の促進
●発言内容のチェック体制の整備
●有識者による指導の受け入れ
●事後の再発防止策の徹底
●対応事例のデータベース化
●経営層に対する意識啓発の取り組み

このように、総合的な対策を推進することがミドルマネージャーには求められ

ています。炎上が発生した際には冷静な判断と的確な行動が求められます。事前の準備と正しい対応策を持つことで、炎上の被害を最小限に抑え、組織や個人のイメージを守ることができるのです。

5　情報を流出させないオンラインセキュリティーの基本

情報は流出させない

インターネットは情報の発信・収集、コミュニケーションの道具として、私たちの生活に欠かせない存在となっています。しかし、オンラインの世界はさまざまなリスクをはらむ場でもあります。このリスクの中には、個人情報の漏洩、詐欺、不適切なコンテンツへの接触など、さまざまな形が存在します。

これらのリスクに対抗するために、オンラインセキュリティーの確保は極めて重要です。具体的な対策として次のようなものがあります。

オンラインリスクの具体的な対策

第一に「強力なパスワード」を設定することが重要です。名前や誕生日、123456のような簡単に予想可能な値ではなく、大文字、小文字、数字、特殊記号を組み合わせた複雑なパスワードを使用することがおすすめです。

次に、そのパスワードを定期的に変更することも大切です。半年に1回程度を目安に、新しいパスワードに更新しましょう。さらに、同じパスワードを複数のアカウントで使い回さないことも大切なルールです。１つのアカウントが侵害されると、他のすべてのアカウントも危険にさらされるからです。

また、２段階認証を活用することも1つの方法です。ログイン時にパスワードだけでなく、メールやＳＭＳで送られる確認コードの入力を求めるシステムです。これにより、もしパスワードが他人に知られてしまっても、確認コードがなければログインできないという二重の安全措置がとれます。

さらに、不審なメールやリンクには注意が必要です。メールに添付されたファイルやリンクは、マルウェア（悪意あるソフトウェア）の罠となることがあります。絶対にクリックしないでください。そのままにしてシステム担当者を呼びましょう。

また、公共のＷｉ-Ｆｉは便利ですが、安全性が保証されていないので、大切な情報を送信する際には避けましょう。不要な情報の送受信や金融取引は避け、必要であればＶＰＮを利用するとよいでしょう。

そして、ＯＳやアプリ、ソフトウェアのアップデートは必ず行いましょう。アップデートには、セキュリティー向上のための修正が含まれています。古いバージョンを使い続けると、新たな脅威から守れなくなる可能性があります。ウイルス対策ソフトやファイアウォールを使用し、定期的にウイルススキャンを行うことで、マルウェアやスパイウェアなどからコンピュータを保護します。

また、それとともに個人データを定期的にバックアップすることで、万が一のデータ損失やランサムウェア攻撃に備えることができます。

フィッシング詐欺への警戒もしてください。メールやウェブサイトに表示されるリンクを無闇にクリックすることなく、送信元やURLを確認しましょう。不審なメールやウェブサイトから個人情報を盗むこと、これをフィッシング詐欺といわれていますが、これが世界中で行われています。

最後に、パーソナルな情報は適切に管理することが大切です。SNSやブログでの無闇な情報公開は控えましょう。自分の情報を自分でコントロールすることが最も強力なセキュリティー対策と言えるでしょう。

オンラインセキュリティーは、日常的な小さな

行動の積み重ねから成り立ちます。皆さんも基本的な対策をしっかりと行い、安心してインターネットを利用できる環境を整えてください。

6　社内でするべきネットマナー向上策

ネットマナー向上のために

社内でのネットマナーを向上させるには、組織全体での意識改革および具体的なガイドラインを設定し遵守することが必要です。次は、組織におけるネットマナー向上のための提案です。

●ネットマナー教育プログラムの実施

新入社員だけでなく、すべての従業員が定期的に参加するネットマナー研修を開催します。この研修では、適切なオンラインコミュニケーション、情報の保護、個人と企業のリスク管理に関する基本的な知識を提供します。また、その場で質疑応答を行い、実際の事例を基に適切な対応を学ぶことで、理解を深めます。

●社内ネットワーク利用の規定

社内でのインターネット利用規則を明確に定め、配布文書や社内インターネットポータルで容易にアクセスできるようにします。この規則には、社外に公開する情報の扱い、ファイル共有、アクセスできるウェブサイトの範囲、社内システムの利用方法などを含めましょう。

●定期的なセキュリティー意識の啓発

情報セキュリティーはネットマナーとしてもリスク管理の一環としても非常に重要です。従業員がセキュリティー対策をされていない個人デバイスでアクセスすることを制限するなど、情報漏洩を防ぐための対策を定期的に更新し、従業員に対して周知します。

●社内ネットワークのモニタリング強化

社内ネットワークの利用を監視し、不適切な使用があった場合には迅速に対応する体制を整備します。プライバシーに配慮しつつも、不正な行為を検出するために規定に基づいたモニタリングは不可欠です。

●ソーシャルメディアポリシーの策定

従業員が業務上使用するソーシャルメディアのガイドラインを策定し、全員に遵守させます。従業員1人ひとりが企業の代表者であることを認識させ、企業及び個人の評判を守るための行動をとるよう促します。

●機密情報管理の徹底

従業員に対し、機密情報の取り扱いについての重要性を再認識させます。機密文書や情報を扱う際のセキュリティーポリシーを策定し、データの保存、転送、削除に関する手順を明確にします。

●フィッシングメールなどの詐欺対策の教育

フィッシングメールや社内での詐欺を見極める能力を向上させるために、定期的なスポットテストや研修会を実施します。従業員が詐欺メールを見分け、適切に対応できるスキルを身につけることが大切です。

●内部通報制度の整備

セキュリティー違反やネットマナーの不正確認時に、従業員が報告しやすい内部通報システムを設けます。通報は匿名で行えるようにすることで、従業員が報告しやすい環境をつくります。合わせて、内部通報した者は不利益な取り扱いは受けないことなども周知しましょう。

●コンプライアンス文化の醸成

コンプライアンス・ポリシーを社内文化として根づかせ、各個人が自覚を持って行動することで組織全体のネットマナーを自然に向上させます。このためには経営層からの明確なメッセージと、モデルとなる行動が求められます。ミドルマネージャーが率先して動きましょう。

これらの提案を実行し、従業員1人ひとりがそれを理解し行動に移すことが、社内でのネットマナーを向上させ、結果として企業の情報セキュリティーを高めることにつながります。ミドルマネージャーが組織全体で連携を取りながら、可能な限り具体的な行動をとっていくことが大切です。

社内でのネットマナーを改善するためには、ポリシーの策定と徹底した教育が基本ですが、それを継続的に維持し、日々の業務に組み込んでいくためには、経営層からのサポートや従業員1人ひとりの意識改革が必要です。技術的な対策と組み合わせることで、効果的にネットマナー向上を実現できるでしょう。

7　ネット評判の対処法

ネット上の評判への対処法は

ネット上での評判は個人や企業にとって非常に重要です。いい評判は信頼性やビジネスの成功につながりますが、ネガティブな評判はイメージや信頼を傷つけ、売上やビジネス機会に悪影響を及ぼすことがあります。

次に、ネガティブな評判に対処するためのいくつかの方法を提案していきます。

①重要なのはモニタリングと迅速な対応

ネット上での評判を管理するためには、自社や個人に関する情報をモニタリングし、問題が生じた場合には素早く対応することが重要です。定期的に検索エンジンやSNSをチェックし、ネガティブな投稿やコメントに対して積極的に対応するよう心がけましょう。

②オンラインでの存在感を高める

ポジティブな評判を築くためには、自社や個人のネット上での存在感、いわゆるオンラインプレゼンスを充実化する必要があります。ウェブサイトやSNSでのプロフィールを充実させ、信頼性や専門性を示すコンテンツを提供してはいかがでしょう。また、カスタマーレビューサイトや業界関連のサイトに自社の情報を登録することも有益です。

③ポジティブなコンテンツの増加

自社や個人に関するポジティブなコンテンツの量を増やすことは、ネガティブな評判に対抗する方法の1つです。例えば、定期的にブログ記事やニュースリリースを発信し、自社の専門知識や取り組みについて積極的に情報発信しましょう。また、顧客の満足度を高めることに焦点を当てたコンテンツも有効です。

④顧客対応は積極的に

ネガティブな評判に遭遇した場合、顧客とのコミュニケーションを大切にしましょう。問題を迅速かつ適切に解決することで、顧客の不満を和らげ、評判回復につなげることができます。誠実さと透明性を持って顧客と接し、信頼関係を築く努力を怠らないようにしましょう。

⑤法的手段の検討も

ネット上での詐欺や誹謗中傷のような悪質な行為に対しては、法的手段を検討することも重要です。悪質な投稿には、ＳＮＳなどのプラットフォームに「開示請求」をする対応策もあります。法律の専門家と相談し、適切な対応策を検討しましょう。

ネガティブな評判に対しては素早く対応し、オンラインプレゼンスの最適化やポジティブなコンテンツの増加、積極的な顧客対応などに重点を置きましょう。これらの方法を組み合わせることで、ネット評判を改善し、成功につなげることができます。

次にネガティブなネット評判に対処する手順についてお話ししましょう。

ネット上の評判への対処手順

ネット上の評判への対処を間違うと、企業の信頼性に直接影響するので、慎重に対処します。

●まずは冷静になる

ネガティブな評判に遭遇した場合、まずは冷静になりましょう。感情的になると判断力が鈍り、問題を悪化させる可能性があります。冷静な状態で客観的に状況を評価しましょう。

●迅速かつプロフェッショナルな対応に徹する

問題に対応する際は、迅速かつプロフェッショナルな態度で対応しましょう。感謝の気持ちを示し、問題解決のための具体的な対策を提案することが重要です。適切な対応ができれば、他のユーザーへの印象も改善される可能性があります。

●公の場で対応を

ネガティブな評判は、公の場で対応することが望ましいです。コメントやレビューセクションなどで透明かつ丁寧な回答を提供し、問題を解決する意欲を示しましょう。これにより、他の人々にも対応姿勢をアピールすることができます。

●私的な対話が必要な場合も

一部の場合には、公の場での対応だけで問題を解決することが難しい場合があります。そのような場合には、プライベートなチャンネルを通じて問題を解決しましょう。直接連絡先を提供し、話し合いを通じて納得のいく解決策を見つけることが重要です。

●さまざまなプラットフォームでの対応

ネガティブな評判が広がることを防ぐために、いろいろなプラットフォームでの対応を行いましょう。ウェブサイト、ソーシャルメディア、レビューサイトなど、可能な限り広範な範囲で問題を解決する努力をしましょう。ネガティブな評判に対抗するためには、ポジティブなコンテンツの増加も重要です。自社や個人に関するポジティブな情報や成功事例を積極的に発信し、バランスを取ることをおすすめします。

ネガティブなネット評判に対処するには、迅速かつプロフェッショナルな対応、公の場での対応、私的な対話、さまざまなプラットフォームでの対応、ポジティブなコンテンツの増加などの手法を組み合わせることが重要です。また、定期的に評判をモニタリングし、問題を未然に防ぐ努力も怠らないようにしましょう。

ネット評判の対処法の詳細については、法的規制や企業のポリシーにも留意することが重要です。最終的には、状況に応じた適切な対応策を実施することが求められます。

8　オンラインでのお客様対応の仕方

重要なオンラインのお客様対応

デジタル時代において、オンラインでのお客様対応は非常に重要になってきました。特にコロナ禍によりオンライン対応の機会が爆発的に増えたと言っていいでしょう。つまり、コロナ明けである現在では、既にお客様対応の常識になりましたね。お客様の問題の解決、情報提供、関係の構築、ブランドイメージの確立などに対して中心的な要素となります。

まず、何事も「早さ」が大切です。

お客様からのクレームや不満には迅速に対応しましょう。適切な回答や解決策を提供することで、お客様の不安や不満を軽減することができます。インターネットの世界では、情報は瞬時に流通し、お客様の問い合わせや問題に対して素早く対応することが期待されます。そのため、チャットボット、FAQ、自動返信など、お客様対応の効率化と高速化を図るためのツールやシステムを活用したほうがいいと思います。また、お客様が情報を求める場合、ウェブサイトやSNSなどのオンラインプラットフォームを活用して、統一された情報を提供しましょう。

しかし、すべての問題が自動化できるわけではないのです。人間の担当者が個々のお客様のニーズに対して個々の回答を用意することも重要です。

次にお客様からの意見に聴く姿勢を持つことが重要です。

聞くのではなく、聴くのです。お客様の話にしっかりと耳を傾け、真剣に受け止めましょう。話の途中で割って話すのはやめましょう。一旦お客様のお話を全部聴いてから、話しましょう。お客様の意見や要望を理解し、問題の本質を把握することが重要なのです。その上で、適切な対応策を考えることができます。

クレームや不満に対して、誤りや問題があった場合は、素直に認めてください。謝罪の言葉を使い、お客様に対して自社の責任を認めることで、信頼関係を構築することができます。また、問題を解決するために、具体的な解決策を提案しましょう。お客様が抱える問題を解消することができれば、不満やクレームをポジティブな経験に変えることができます。

そして、フォローアップです。

問題の解決後には、お客様に対してフォローアップを行いましょう。問題が完全に解決されているかどうかを確認し、お客様の満足度を高めることができます。

複雑化した場合は手順を明確に

お客様問題が複雑化して解決が難しい場合は、適切な手順を明確にしておきましょう。上司や専門家など、より高いレベルのサポートを提供する担当者に問題を引き継いだり、適切な解決策を見つけるためのプロセスをスムーズに進めることが重要です。

最後にフィードバックを活用してカスタマーリスクをポジティブな方向に導きましょう。

クレームや不満を受けた場合は、その原因やパターンを把握し、改善策を検討することが重要です。お客様からのフィードバックを積極的に収集し、サービスの品質向上に役立てましょう。そして、継続的な改善と最適化が必要になります。お客様のニーズや期待は変化しますので、お客様からのフィードバックを収集し、それを基にサービスを改善することが求められます。また、データ分析の活用によりお客様行動を理解し、より効果的なお客様対応の戦略を策定することも可能になるわけです。お客様のクレームや不満は財産だと思ってください。

全体的には、心がこもった対応をしたいですね。テクノロジーが進化し、オンラインでのコミュニケーションが一般化している現代では、デジタル時代だからこそ、人間の温かみや理解を示すことが求められるのです。お客様の声を真摯に聴き、理解し、共感を示すことによって、お客様との信頼関係を築くことができるのです。

オンラインでのお客様対応は、お客様満足度を高め、組織の競争力を強化するための重要な戦略です。迅速、傾聴、人間性、適切な手順、そして継続的な改善と最適化を通じて、お客様対応能力を向上させる努力が必要となります。カスタマーリスクは、そういった努力によりポジティブな財産になっていくのです。

9　SNSの正しい使い方

ミドルマネージャーがSNSを使用する際には、自分自身の行動と部下への指導、両面から注意深く取り組むことが求められています。

ミドルマネージャー自身の行動に対して

マネージャーとしてふさわしい内容とトーンを心がけることが大切です。発信する内容は職業上の立場を表すものと考え、専門性の高い情報や建設的な意見に絞るようにしましょう。表現のトーンも、相手に敬意をもって発言しましょう。マネージャーとして、私たちの発言は実質的な影響力を持っていることを意識しましょう。自分では影響力はないと思っていても、世の中は企業のマネージャーの発言として厳しい眼を持っているのです。

社内で取り扱う情報の中には、顧客情報や業務内容等、企業倫理や法律によって管理が必要なものがあります。SNS上でのこれらの情報の流出は絶対に避けてください。

コンプライアンスを意識してください。SNS上でも明確な社会規範が存在します。誹謗中傷や偏見を絶対的に避け、公平性と尊重の観念を持たなければなりません。

SNS上で企業に対する批判や否定的な意見が現れた場合、適切な対応が重要です。対応の遅れや不適切な対応は絶対的に避けてください。事前にクライシス・マネジメントの計画を立てておきましょう。危機管理が重要だということです。ＳＮＳ用の緊急連絡網をつくっておくことが意外にも大事なことだと言われています。

部下への指導に対して

企業が持つＳＮＳに関するガイドラインやポリシーを、部下に明確に理解させることが非常に重要です。例えば、何が投稿できる内容で、何が投稿すべきでないのか、どのようなデータは非公開にするべきなのか等、具体的な指導が必要です。基本的なガイドラインに従うことで、ＳＮＳを最大限に活用し、自分自身のオンラインプレゼンスを安全に保つことが可能となります。

同時に、これは他人に対する敬意と尊重、そして自己表現のバランスを保つための重要な手段でもあるわけです。部下にＳＮＳを禁止させるわけにはいかないので、ミドルマネージャーによる教育や指導が重要になってきます。

一方、部下がガイドラインを理解し適切に遵守しているか、適度にチェックしましょう。

ＳＮＳにおけるプロフェッショナルな態度の育成も重要で、ミドルマネージャー自身が模範となることで、部下もまたプロフェッショナルな態度を学び、ＳＮＳを適切に使うことができるのです。

自分の個人情報はしっかり守ることが大切です。名前や住所など、大切な情報はなるべく公開しないように指導しましょう。炎上すると勤務先含めた個人情報が流出する場合があることを理解してもらいましょう。

ＳＮＳも公平性と透明性を重視

ＳＮＳでも公平性と透明性は大事です。従業員が自身の意見を表現する自由を制限することなく、企業の方針に従うバランスを見つけることが重要です。

また、会社についての発表や情報は、可能な限り会社の公式アカウントを通じて行うように指導してください。自分の意見を言いたい場合は、会社の意見ではないと明記するようにさせましょう。

公式アカウントを使う

このほか、公式アカウントのＳＮＳ利用の場合、公式アカウントは、一貫性のある、自社のブランドイメージの形成や、フォロワーやお客様との有効なコミュニケーションを図るための手段であると同時に、潜在的なリスクに対する対策の一部としてとらえることができます。

各ＳＮＳの特性を理解する、定期的な投稿を続ける、双方向を生かすなどに加え、組織の代表としての発言として、適切な言葉遣いと敬意を持ったトーンでコミュニケーションを取ることが必要でしょう。

これらのさまざまな点を正しく認識し、自身の行動と部下への指導の両面からＳＮＳを適切に利用することで、ミドルマネージャーは効果的にＳＮＳを活用することができます。実行しましょう。

第8章　リスク管理の継続的取り組み

1　リスク管理のルーティン化

これまで読んでいただいた方には、リスク管理は、ビジネスに欠かせない重要なプロセスの1つだということはおわかりになったと思います。企業がさまざまなリスクを素早く拾い上げ、迅速かつ適切な対処を行うためには、リスク管理を定期的、かつ適切に実施することが大切です。

そこで、本項では、ミドルマネージャーが知るべき「リスク管理のルーティン化」について説明します。まず、リスク管理をルーティン化するメリットについて説明しましょう。

ルーティン的なリスク管理

リスク管理をルーティン的に定期的に実施することで、リスクに対する感度が高まります。リスク管理を行うことで、企業がリスクを把握することができ、予期しないトラブルに対処できるようになります。また、ルーティン的なリスク管理は、リスクタイミングに対処する能力を向上させるだけでなく、プロセスが継続的に改善されることで、その企業の長期的なリスク管理能力を向上させます。このように、リスク管理プロセスの改善と更新が継続的に実施されることで、組織の課題達成への効果が高まります。

また、組織がルーティン的なリスク管理を行うことで、不測の事件に対処するための準備を整えることができます。リスク管理をルート化することで、組織はリスクプランへの準備を進めることができ、事前に対策を打つことができます。

ルーティン的リスク管理は、チーム全体で管理を行っている場合、リスク管理の能力が拡大されます。各チームメンバーがリスク管理のプロセスを理解しており、コミュニケーションとリスク管理のポイントを共有することができます。

以上のように、リスク管理をルーティン化することには数々のメリットがあります。ルーティン的リスク管理を実施することで、リスク管理に対する能動的な姿勢が促され、組織全体が課題に対処する能力が高まります。また、それより、リスクプランを立てることができるため、企業活動における持続可能性が向上します。

リスク管理をルーティン化するために

次にリスク管理をルーティン化するため何をしたらいいでしょうか。見ていきましょう。

●リスク管理をルーティンとして捉える

まず、リスク管理をルーティンとして捉えることが大切です。つまり、リスク管理は、ビジネスの日常業務の１つと位置づけ、優先度を示し、定期的なチェックリストや手順書を作成することが必要です。

これによって、リスクに対する敏感性を高め、継続的なリスク管理を促すことができます。

●情報の共有と透明性を確保する

リスク管理のルーティン化を実現するためには、情報の共有と透明性を確保することが重要です。これには、関係者とのコミュニケーションが必要であり、適切な情報システムの導入、リスクデータの定期的な報告などが含まれます。情報の共有と透明性によって、関係者がリスク管理に参加しやすくなり、組織全体でのリスク対応の質を向上させることができます。

●常に更新と改善を行う

リスク管理は常に変化しています。これに対応するために、定期的に更新と改善を行うことが不可欠であり、ルーティンの見直しや改善を実行する必要があります。また、関係者からのフィードバックを取り入れることも重要です。これらの活動によって、リスク管理プロセスが向上し、リスクに対する能動的な姿勢が促進され、組織の長期的な繁栄が実現されます。

●トレーニングと教育を実施する

組織内のリスク管理スキルの向上には、トレーニングと教育が必要です。これらを通じて、リスク管理フレームワークの理解を深め、ルーティンの実施に必要なスキルと知識を身につけることができます。また、トレーニングや教育は新人やリスク管理に関心のある従業員にとっても有益であり、これによってリスク管理意識が組織全体に浸透し、リスク対応に必要な知識やスキルを高めることができます。

ルーティンの見直しや改善、教育やトレーニングを通じて、リスクに対する感度を高め、リスク対策に関する能動的な姿勢をとることが、リスク管理の成功に違いありません。指導的立場にあるミドルマネージャーには、ルーティンの見直しや改善を進めることで、組織全体のリスク管理能力を向上させることが期待されます。

2　トラブル時の対応の仕方

ビジネスにおいて、トラブルは避けがたいものです。トラブル発生時に適切に対応しないと、顧客からの信頼を失ってしまうだけでなく、企業のチーム全体に影響を与えるかもしれません。そこで本項では、トラブル時の適切な対応の仕方について解説します。

トラブル時の適切な対応の仕方

●冷静に対応する

まず、トラブルが発生した際には、冷静に対応することが大切です。パニックや感情的な反応は、トラブルの原因を深刻化させることがあります。そのため、冷静に構え、状況を落ち着いて分析することが重要です。

●オープンに進める

トラブル発生時に秘密で隠すよりも、オープンな姿勢を取ることが推奨されます。透明性を持って問題を共有することで、トラブルに対する信頼性が高まり、問題の解決に向けたアクションを起こしやすくなります。

●マニュアルをつくってトラブルに対応する

トラブルの発生時に、マニュアルや手順書の存在は重要な役割を果たします。中でも トラブル時のトリアージプロセスや対応策、問題を解決する専門家を派遣するタイミングなどが書かれたものが、最良です。事前に準備しておくことで、急なトラブルにも迅速に対処することができます。

●関係者とコミュニケーションを行う

トラブルが発生した際には、関係者と適切なコミュニケーションを行うことが必要です。コミュニケーションを行うことで、全員の意見を集め、トラブルを解決するためのアイデアを考え出すことができます。

●正確な情報を提供する

トラブルが起きると、噂や不確実な情報が拡散されやすくなります。リアルタイムで正確な情報を提供することで、適切な情報を確保し、誤解や混乱を防止することができます。

●問題解決のためのアクションプランを立てる

トラブルが発生した段階で、解決のための具体的なアクションプランを立てることが重要です。アクションプランは、全体の責任分担、実施するタスク、緊急度に応じた完全で正確な時間枠などが含まれます。このようなアクションプランによって、状況を改善することで顧客からの信頼を回復することができます。

リスク管理の目的

ビジネスにおいて、トラブルは避けがたいリスクの１つとなっています。それゆえに、組織内にリスク管理プロセスがあることが重要です。リスク管理の目的は、管理下に置くことのできるトラブル・リスクを特定し、迅速かつ適切に対処することです。事前にリスクを収集し、トラブル時に備えておくことが最良の方法です。

トラブル発生時には、適切なリスク管理が求められます。冷静な判断を基に、実施すべきアクションプランや対応策を素早く策定する必要があります。リスクに対処する際に、関係者間でのコミュニケーションが非常に重要であり、リアルタイムで情報を提供し、全員でトラブルに取り組むことが大切です。

以上が、トラブル時の適切なリスク管理の重要性についての要点です。組織全体でトラブル発生を予測し、リスク管理を適切に実施することは、トラブルに対するポジティブな対応を反映するだけでなく、顧客に向けた信頼性を高めることにつながります。企業は、リスク発生の可能性、そのダメージの規模に一定の予測性と対応性を備えたリスク管理プロセスを進めることが重要なのです。

その推進役の中心がミドルマネージャーだということを忘れないでください。

3　継続的な学びと向上

継続的な学びと向上はリスク管理の重要ポイント

「継続的な学びと向上」は、リスク管理の継続的な取り組みの中でも重要なものの1つです。なぜなら、ビジネス環境は常に変化し続けるからです。特に、現代のビジネス環境では、テクノロジーや政治的な変化、顧客の嗜好性など、新たなリスク要因が追加され続けています。

ミドルマネージャーが取り組むべき学びと向上の方法について、次に詳しく説明します。

組織内の従業員教育・訓練

ビジネス環境が変化する中で、従業員もその変化に適応する必要があります。従業員にリスク管理の基礎知識を持たせることは、リスクを軽減するうえでも有効です。組織内で、リスク管理に関するトレーニングやワークショップを実施することは、従業員を教育するだけでなく、チームビルディングの一環としても有効なのです。

新しいリスク管理戦略やツールを学ぶ

新しいビジネス環境に対応するために、従業員は現在のリスク管理戦略に加え、新しい戦略やツールを学び、習得する必要があります。従業員が新たなリスク管理ツールを使いこなすことで、より的確なリスク評価ができるようになり、より説得力のあるリスク管理戦略を策定できます。

他業種の成功事例を研究する

ビジネスは業種によって異なりますが、ビジネスマネジメントやリスク管理においては、業種間の共通点が多くあります。他業種の成功事例を研究することで、自社がリスク管理において学ぶことができる点が多くあります。例えば、ＩＴ業界でのリスク管理の成功例から、他の業界に応用できるアイデアやヒントを得ることができます。

積極的な情報共有

継続的な学びと向上には、従業員や上層部が積極的に情報を共有することも必要です。定期的な報告書やミーティングを開催することで、継続的な学びと向上を実現できます。リスク管理のプロセス全体を見渡し、ビジネス環境の変化に対応して、組織内で共有された知識と専門知識を活用することが重要です。

個々の業務に専門性が高まっている中、組織全体の目標達成に向け、情報共有する文化が不可欠になっています。ミドルマネージャーはミーティングなどを活用し、双方向コミュニケーションを促進してください。

情報収集と知識の更新

現代のビジネス環境は急速に変化しており、新たなトレンドや技術が次々と登場しています。ミドルマネージャーは、業界の動向や競合他社の取り組みに関する情報を積極的に収集し自身の知識をアップデートすることが必要です。そのためには、業界の関連ニュースや専門書籍、セミナーや研修などの学習機会を活用することが重要です。

自己評価とフィードバック

ミドルマネージャーは自己評価とフィードバックを通じて自己成長を促す必要がありキす。自身の強みや改善点を客観的に見つめることで、自己啓発の方向性を見出すことができます。また、上司や同僚、部下からのフィードバックを受け入れることも重要です。他者の意見やアドバイスを素直に受け止め、自己改善に活かすことで、より成長することができます。さらに、定期的な目標設定や振り返りを行い、自身の成果を評価することも効果的です。

リーダーシップスキルの向上

ミドルマネージャーはリーダーシップスキルの向上にも取り組むべきです。リーダーシップは、部下を指導し、チームを統率するための重要な能力です。ミドルマネージャーは、コミュニケーションスキルやモチベーションの引き出し方、問題解決や意思決定の能力など、さまざまなリーダーシップの側面を継続的に学び、向上させる必要があります。そのためには、リーダーシップに関する書籍や講演、研修プログラムなどを積極的に活用し、自己成長に努めてください。

チームビルディングとコラボレーション能力の向上

チームビルディングやコラボレーション能力の向上にも注力する必要があります。複数の部署やチームと協力し、組織全体の目標達成に貢献するためには、チームビルディングやコミュニケーションのスキルが不可欠です。ミドルマネージャーは、チームメンバーの強みを引き出し、協力関係を築きながら、共同の目標に向けて進むことが求められます。そのためには、チームビルディングのノウハウやコラボレーションのツールやメソッドについて学び、実践することが重要なのです。

自己管理とワークライフバランスへの配慮

ミドルマネージャーは自己管理とワークライフバランスにも配慮する必要があります。仕事に追われるだけでなく、自身の健康やプライベートの時間を大切にすることは、持続的な能力発揮と成果の向上につながります。適切な時間管理やストレス管理の方法を学び、自己管理のスキルを高めることで、効果的に業務を遂行できるだけでなく、自身の幸福感や充実感も得ることができます。

ワークライフバランスの実践例を挙げますと、仕事の優先順位を必ず決めて、効果的な仕事を行ったり、リフレッシュ時間を意識したり、柔軟な働き方をするなどの方法があります。

継続的な学びと向上は組織を成長させる

継続的な学びと向上は、組織の成長と成功に欠かせない要素です。いかにリスクを軽減できるかだけでなく、いかに効率的にビジネスを運営できるかということも重要です。リスク管理の継続的な取り組みにおいては、従業員の教育、新たな戦略やツールの導入、他業種の成功事例の研究、共有された知識の活用などが必要です。継続的な学びと向上に注力することで、組織を確実に成長させることができます。ミドルマネージャーは常に変化するビジネス環境に適応し、自身の成長と組織の成功に貢献するために、学びと向上に取り組むべきです。継続的な学びと自己成長の努力が、より優れたリーダーシップと結果をもたらすことにつながっています。

4　ミドルマネージャーの取組みを共有化

リスク管理の継続的取り組み

「リスク管理の継続的な取り組み」を実践するためには、組織内においてミドルマネージャーの取り組みを共有化することが重要になります。共有することで相互の学びや成長が促進され、組織全体のパフォーマンス向上につながるからです。ミドルマネージャーは、その後ろ盾となる上層部からの指向性に基づき、リスク管理計画を実現するために主要な役割を担っています。しかし、リスク管理の継続的な取り組みを実践するためには、ミドルマネージャー同士が連帯し、積極的に取り組む必要があります。

ミドルマネージャーの取組み共有化で成長を図る

中間管理職のミドルマネージャーは、上司からの指示を下に伝えつつ、下からの要望を上に届ける重要な役割を担っています。しかし、その性質上、業務の孤立感を感じがちです。

そこで注目されるのが、ミドルマネージャー各自の取組み内容を共有化することです。他のマネージャーの取り組みを知ることで、自分の手法を見直したり、新たなアイデアを得られるでしょう。

共有で一層の成長

具体的な共有方法としては、定期的なオンライン会議やＳＮＳを活用した情報交換が考えられます。部署間の垣根を超え、同様の課題に対する他者の解決策を学べるでしょう。

一方で、共有情報の量から見失いが生じたり、負担感が増す可能性もあります。そこで大切なのが、共有の範囲と方法を明確に設定することです。

段階的な共有で課題を解決

例えば、はじめは同じ部署間で少数のテーマからスタートし、フィードバックを踏まえながら項目と対象範囲を拡大していきます。

このように、漸進的な共有で課題を抽出・改善しながら、ミドルマネージャー1人ひとりが自らの成長を図れるでしょう。共有は孤立を解消するよい機会なのではないでしょうか。

ミドルマネージャー同士の情報共有

●情報共有の重要性

まず、ミドルマネージャー同士の情報共有は、新たな視点やアイデアを得るために非常に重要です。例えば、あるミドルマネージャーが特定の課題に取り組んでいる際に、他のミドルマネージャーが同様の課題に直面している可能性があります。その場合、経験やノウハウを共有することで、より効果的な解決策を見つけることができます。情報の共有化によって、個々のミドルマネージャーが孤立することなく、互いに支え合いながら成長することができるのです。

●ミドルマネージャーの責任と義務を明確にする

ミドルマネージャーには、上層部の方針を守りつつ、リスク管理計画を実行する責任があります。リスク管理の継続的な取り組みを実践するためには、その責任を明確にし、説明することが重要です。リスク管理計画の関連方針や規制を共有し、ミドルマネージャーが自分たちの役割と責任を理解するように支援することが効果的です。

●ミドルマネージャーが定期的に報告するルーティンを導入する

組織内のリスク管理の継続的な取り組みを推進するため、ミドルマネージャーが定期的にリスク管理計画の進捗を報告するルーティンを確立することが効果的です。これにより、上層部がリスク管理の状況を常に把握することができ、計画が順調に進んでいるかどうかを確認することができます。

●ミドルマネージャーに定期的なトレーニングを提供する

リスク管理の要件は常に変化するため、ミドルマネージャーには新しい手法やツールを習得する必要があります。ミドルマネージャーは最新の情報を取得し、リスク管理に必要となる能力を維持することができます。

●ミドルマネージャーの協力の重要性を強調する

ミドルマネージャーがそれぞれの組織の要件を理解している場合、お互いが協力することは、リスク管理計画を適正に動作させる上で重要ですし、企業内外のオペレーションを考慮しながら、ミドルマネージャーの協力を最大限に引き出す方法を見定めることも重要です。

ミドルマネージャーがリスク管理の継続的な取り組みを実践するためには、豊富な情報と、専門知識が求められます。連携し、共通の目標に向けた協力の擁護を保持し、必要に応じて調整するまで、ビジネスすべての側面において協力が必要となります。ミドルマネージャーの取り組みを共有化することは、組織内でのリスク管理を協力的で効果的なものにするために重要な要素の１つといえます。

ミドルマネージャー同士の連携、協力、調整、共有が組織全体のリスクヘッジになるのです。

5　未来のリスクを予測する

ミドルマネージャー必須の役割

近年、ビジネス環境はますます複雑化し、企業は急速な変化と不確実性に直面しています。このような状況下で、ミドルマネージャーの役割はますます重要になっています。本書でもさまざまなミドルマネージャーの役割を述べてきました。組織の中間層に位置し、戦略的な意思決定と業務の効率化を担当しているのがミドルマネージャーですが、さらに重要な役割が求められています。それは、未来のリスクを予測し、適切な対策を講じることです。

未来のリスクを予測する理由

なぜミドルマネージャーが未来のリスクを予測する必要があるのでしょうか。

それは、リスクを事前に把握することで、組織が迅速かつ効果的に対応するためです。今まで述べてきたように、リスクは予測可能であり、早期に発見することで被害を最小限に抑えることができます。

ミドルマネージャーがリスクを先読みし、それに対する対策を講じることで、組織の持続可能性と競争力を高めることができるのです。

リスクを予測するためのポイント

未来のリスクを予測するためには、次のポイントに注意する必要があります。

①トレンドや市場の変化を把握すること

ミドルマネージャーは、業界の動向や市場の変化を常に注視する必要があります。市場のトレンドを把握することで、将来のリスクを予測し、適切な対策を講じることができます。

また、競合他社の動向や技術の進歩も注目する必要があります。これにより、組織が市場の変化に適応し、競争力を維持することができます。

②情報収集と分析

ミドルマネージャーは、さまざまな情報源から情報を収集し、的確な分析を行う必要があります。内外部のデータや統計、専門家の意見などを総合的に考慮し、未来のリスクを予測するための情報を得ることが重要です。

また、情報を適切に整理し、優先順位をつけてください。限られたリソースを効果的に活用するためには、リスクの重要度や影響度を正確に評価することが必要です。

③チームとのコラボレーションも不可欠

リスクは組織全体の問題であり、ミドルマネージャーだけが予測や対策を行うことは難しいと思います。ですから、部下や他のチームメンバーと協力し、情報共有や意見交換を行うことで、より包括的なリスク予測が実現できるのです。また、チームメンバーのいろいろな視点や専門知識を活かすことで、より優れた対策を講じることができるでしょう。

④ミドルマネージャー自身の自己啓発を続けること

リスク管理の手法やツールは常に進化しています。ミドルマネージャーは、最新のトレンドや最新最善策について学び続けることで、より効果的なリスク予測と対策を行うことができます。セミナーや研修への参加、専門書の読書など、自己啓発の機会を積極的に活用しましょう。

⑤ミドルマネージャーが未来のリスクを予測すること

未来のリスクを予測することは、組織の持続的な成長と競争力を高めるために欠かせません。トレンドや市場の変化を把握し、情報収集と分析を行い、チームとの協力を大切にしながら、自己啓発を続けましょう。リスク予測と対策の能力を高めることで、ミドルマネージャーは組織の未来を見据え、成功につなげることができるでしょう。

予測できるために必要なスキル

では、未来のリスクを予測できるようになるスキルとはどういったものなのでしょうか。

まずは分析能力。リスク予測にはデータ分析や情報の評価能力が不可欠です。膨大な情報から重要な要素を抽出し、優先順位をつける能力が求められます。論理的思考や統計的な知識を活用して、情報を分析し予測に生かすことが重要です。

次に業界知識。自身がかかわる業界や市場に関する深い知識が必要です。業界のトレンドや市場の変化を把握することで、将来のリスクを予測することができます。業界の特性や競合状況を理解し、それに基づいてリスクを予測する能力が求められます。

コミュニケーション能力も必要ですね。リスク予測は単独で行うものではありません。他のチームメンバーや関係者とのコミュニケーションが欠かせません。自分の予測や意見を明確に伝える能力や、他者の意見を受け入れながら協力する能力が求められます。

問題解決能力も必要なスキルです。リスク予測は問題解決の一環です。予測したリスクに対して適切な対策を講じるためには、問題解決能力が必要です。複雑な問題に対して柔軟に対応し、創造的な解決策を見つける能力が求められます。

リーダーシップ能力はもちろんなければいけません。ミドルマネージャーはチームをリードする立場にあります。リスク予測においても、チームメンバーを結集し、共有の視点を持って取り組む能力が求められます。リーダーシップ能力を発揮し、チームを効果的に運営することが重要です。

そして、柔軟性と適応性です。ビジネス環境は常に変化しています。リスク予測においても、柔軟に対応し、変化に適応する能力が求められます。新たな情報や状況に対して素早く対応し、予測と対策を修正する柔軟性が重要です。

これらのスキルを継続的に磨きながら、リスク予測に取り組むことで、より効果的な予測と対策を行うことができます。

以上のように、ミドルマネージャーが未来のリスクを予測するには、自分たちのビジョンや目標を軸にして、現在から未来までの変化を分析し、対策を立案することが重要です。こうしたことを継続的に行うことで、リスクへの感度や対応力を高めることができます。また、チームや他部署と協力して行うことで、多様な視点や知識を取り入れることができます。

ミドルマネージャーは、未来のリスクを予測するだけでなく、それをチャンスに変える能力を持つべきです。そのためには、何事にも積極的で前向きな姿勢が必要なのです。

6　リスク管理のツールと資源の活用

リスク管理のツールと資源とは

リスク管理の目的は、リスクを特定し、分析し、評価し、対策を講じることで、プロジェクトやビジネスの目標を達成する可能性を高めることです。タイトルの「リスク管理のツールと資源」とは、リスク管理のプロセスを支援するために用いられるものです。なぜリスク管理のツールと資源を活用するべきなのでしょうか。次のような5点が考えられます。

①リスクを網羅的・体系的に把握できる

リスクの洗い出しと評価を組織的に行うことで、潜在リスクを見落とすことを防げます。

②リスクへの対応を明確化できる

リスクシナリオと対応方針を明確化することで、リスク発現時の対応が迅速にできるようになります。

③多角的な視点から対策を検討できる

リスク管理チーム等を活用することで、さまざまな角度から対策を検討できます。

④専門性を活用できる

リスク管理部門や外部機関の専門性を活用することで、高度なリスク管理が可能になります。

⑤リスク管理を徹底できる

これらのツールと資源により、リスク管理を日常業務の一環として組織的に実践できます。

以上のように、組織としてリスク管理を徹底するためには、そのツールと資源の活用が不可欠といえますね。例えば、次のようなものです。

ツールと資源の例

①リスクマトリックス

リスクの影響度と発生確率を二次元の表に示して、リスクの優先順位を決めるツール

②リスクレジスタ

リスクの特徴や状況、対策や責任者などを記録するための文書

③リスク分析ソフト

リスクの数値化やシミュレーション、可視化などを行うためのコンピュータプログラム

④リスク管理ガイドライン

リスク管理の方針や手順、基準などを定めるための規則や指針

⑤リスク管理チーム（リスク管理部門）

リスク管理の計画や実施、監視などを行うための専門家や関係者のグループ

これらリスク管理のツールと資源を活用することで、リスク管理の効率や効果を向上させることができます。具体的には、リスク管理のツールと資源を活用することで、リスクを客観的かつ統一的に評価することができるわけです。これによって、私たちは合理的な意思決定や行動が可能になるのです。また、リスクを明確に把握し、共有することができ、リスクに関する情報や知識の伝達や共有が簡単になります。リスクに対する準備や対応を計画的かつ迅速に行うこともできます。また、リスクによる損失や影響を最小限に抑えることができるのです。

リスク管理ツールについては、国内で無料利用が可能なものも多くあります。エクセルシートを利用したものやマインドマップツールなど、誰もが簡単にリスク管理シートやリスク要因可視化シートを作成できます。中には直観的に管理シートをつくることができるツールもあります。

ただし、無料版には機能制限がある場合がありますので、自身のニーズに最も適したツールを選ぶ際には、ツールの詳細や制限事項を確認するといいかもしれません。

なお、リスクの洗い出しには、リスク分類表例を参考にリスクを洗い出すことは有効な方法です。最後に詳しい「分類別リスク表」を掲げたので参考にしてください。

【分類別リスク表】

大分類	小分類	リスク
戦略リスク	ビジネス戦略	新規事業・設備投資
		研究開発
		企業買収・合併
		海外生産拠点の崩壊
		生産技術革新
	市場マーケティング	市場ニーズの変化・製品の不発
		価格戦略の失敗
		宣伝・広告の失敗
		競合・顧客のグローバル化
		情報技術革新
	人事制度	集団離職
		海外従業員の雇用調整
		従業員の高齢化
		退職金
	政治	法律の制定・制度改革
		税制改革
		国際社会の圧力
		貿易問題・通商問題
		戦争・内乱
		政変・革命・テロ・暴動
	経済	経済危機
		景気変動
		原料・資材の高騰
	社会	不買運動・消費者運動
		風評
		地域住民とのトラブル
		誘拐・人質
		反社会的勢力による恐喝・脅迫
	メディア	インターネットを用いた誹謗中傷
		マスコミによる批判・中傷
		メディア対応の失敗
	資本・負債	格付けの下落
		金融支援の停止
		資金計画の失敗
財務リスク	資産運用	デリバティブ運用
		不良債権・貸し倒れ
		株価変動
		地価・不動産価格変動
	決済	取引先倒産
		金利変動
		為替変動
	流動性	黒字倒産

大分類	小分類	リスク
ハザードリスク	自然災害	竜巻・風害
		落雷
		地震・津波・噴火
		天候不良・異常気象・冷夏猛暑等
	事故・故障	火災・爆発
		設備故障
		交通事故(就業中)
		航空機事故・列車事故・船舶事故
		労災事故
		停電・断水
		運送中の事故
		海賊・盗難
		放射能汚染・放射能漏れ
		有害微生物漏えい・バイオハザード
	情報システム	情報システム誤作動・設備故障
		コンピュータウイルス・サイバーテロ
オペレーショナルリスク	製品サービス	製品の瑕疵
		事務ミス
		製造物責任
		リコール・欠陥商品・製品回収
		プライバシー侵害
		個人情報・顧客情報漏えい
		機密情報漏えい・情報管理の不備
	法務・倫理	知的財産権・著作権侵害
		特許紛争
		環境規制違反
		役員従業員の不正・不法行為
		商法違反・不当な利益供与
		独占禁止法・公正取引法違反
		不正取引
		インサイダー取引
		社内不正・横領・贈収賄
		企業倫理違反・問題情報の隠蔽
		外国人不法就労
		役員賠償責任
	環境	環境規制強化
		環境賠償責任・公害
		環境汚染・油濁事故・土壌汚染
		廃棄物処理・リサイクル
	労務人事	差別(性・国籍・出身・宗教など)
		過労死・安全衛生管理不良
		セクシャルハラスメント
		労働争議・ストライキ
		伝染病
		職場暴力、パワーハラスメント
		海外駐在員の安全
	経営者	経営者の死亡・執務不能
		乱脈経営・粉飾決算
		役員のスキャンダル

おわりに

最後までお読みいただきありがとうございました。

リスク管理ってこんなことですよ、ミドルマネージャーにはこんなことをやってもらいたいのですよ、そしてリスク管理ってすごく大事なことなんですよってことが、少しでもわかっていただけましたでしょうか。

実はリスクは恐いものではないですし、リスク管理は、プロジェクトや業務の目標を達成するために必要な活動です。

しかし、リスク管理を行うミドルマネージャーは、多くの課題や困難に直面することもあります。

そこで、リスク管理を行うミドルマネージャーが成功するためには、次のような3つのメッセージを心に留めておくことが重要なのです。

①リスク管理は、チームの協力とコミュニケーションが鍵

チームメンバーとリスクに関する情報や意見を共有し、対話やフィードバックを促進しましょう。また、チームメンバーの役割や責任を明確にし、対応策の実行や監視を効率的に行いましょう。

②リスク管理は、常に見直しと改善が必要

リスクの状況や対応策の効果を定期的に監視し、必要に応じて見直しや改善を行いましょう。ま

た、リスクの変化や新たなリスクの発見にも注意し、柔軟に対応しましょう。

③リスク管理は、成果や貢献を評価し、称賛や報奨を与えることが大切

チームメンバーのリスク管理に対する成果や貢献を測定し、報告しましょう。また、チームメンバーのリスク管理に対する努力や成果をほめ、何か報奨を授けましょう。これにより、チームメンバーのモチベーションや一体感を向上させることができます。

リスク管理を行うミドルマネージャーが成功するためには、チームの協力とコミュニケーション、見直しと改善、成果と貢献の評価とほめるという3つのメッセージを心に留めておくことが重要です。これらのメッセージを実践することで、リスク管理を行うミドルマネージャーは、プロジェクトや業務の目標を達成することができるでしょう。

今までいろんな項目で述べてきましたが、リスク管理を行うミドルマネージャーが成功するためには、リスクの把握と評価から始めて、次に情報共有し、顕在化したら危機対応を行い、定期的に継続的に改善していく——。こんなことを常に行っていくことが、すごく大事なんです。

ミドルマネージャーが、先頭を切って、リスク管理をチームで進めていくことによって、必ずや自分の組織のリスクが軽減するものと私は信じています。本書で述べたノウハウやツール、手法を使って、リスク対策、対応を推進してください。

これまで、本書ではリスク管理の基礎からその手法まで、できるだけ多くのヒントやノウハウをお伝えしてまいりました。しかし、これらを実行するのは、あくまでも、ここまでお付き合いいいた

だいた読者の皆さんです。言うまでもありませんよね。

私がリスク管理について、いつも思う言葉があります。

「リスク管理は組織の目標達成を助ける方法である」

「リスク管理は新しいチャンスをつかむ方法である」

重要なのは、リスク管理は組織や企業の文化の一部であるということです。ミドルマネージャーは、リスクに前向きに対応する姿勢を持ち、自ら動いて、会社全体でリスクを意識することが大切だと思います。リスクを恐れずに、うまく扱い、コントロールすることで、組織はもっと強く柔軟になれることでしょう。

リスクはビジネスにおいて避けられない要素ですが、適切なリスク管理によってのみ、これらのリスクをコントロールし、ビジネスの成長と繁栄につなげることができます。リスクを理解し、効果的に管理することで、VUCAと言われる不確実性の時代の中にあっても、企業は成功の道を見つけることができるのです。

ミドルマネージャーの皆さんには、これからもリスクをこわがることなく、ご紹介したリスク管理の手法をうまく使っていただき、組織の発展に貢献していただきたいと思います。

リスク管理は一度きりの活動ではなく、継続的なプロセスです。市場や組織の内部状況は常に変化するため、リスク管理戦略も定期的に見直し、更新する必要があります。

リスクはビジネスにおいて避けられない要素ですが、適切なリスク管理によって、これらのリスクを制御し、ビジネスの成長と繁栄に寄与することができます。リスクを理解し、効果的に管理することで、不確実性の中にあっても、企業は成功の道を見つけることができるのです。

最後に「7つの習慣」の著者で世界的に有名なスティーブン・R・コヴィー博士の言葉をご紹介します。

「**最大のリスクは、リスクのない人生を送るリスクである**」

リスクのない会社人生は、自分の可能性を制限してしまい、最終的には失敗や後悔をしてしまうという意味です。この言葉をリスクに立ち向かう、現代のミドルマネージャーの皆さんに贈りたいと思います。

リスク管理の責任者にとって、不測の事態への対処は、心理的にも肉体的にも困難な仕事だと思います。しかし、その活動こそがよりよい未来を築く原動力となるのです。疲れても前を向き、仲間や部下とともに知恵を出し合って希望をもち、目標に向かって進みましょう。

ミドルマネージャーの皆さん、あなたはきっとできます。

本書を読まれたあなたの成功を心から祈っています。

全国ミドルマネージャー応援人

加賀　敬章

参考資料

「あかるい職場応援団サイト」厚生労働省
「職場でのハラスメントの防止に向けて」厚生労働省
「令和5年版環境・循環型社会・生物多様性白書」環境省
https://keiyaku-watch.jp/media/kisochishiki/risk-management/
『リスクマネジメント　変化をとらえよ』デロイト トーマツ リスクアドバイザリー　日経BP
『図解入門ビジネス　最新リスクマネジメントがよ〜くわかる本』東京海上日動リスクコンサルティング株式会社　秀和システム
『ネット炎上　職場の防火対策』岡嶋裕史　日本経済新聞出版社
『第五版実践危機管理読本』藤江俊彦　日本コンサルタントグループ
https://www.pa-consul.co.jp/talentpalette/TalentManagementLab/middle-management/
https://minchalle.com/blog/continuing-your-studies
https://www.tocaro.media/column/c674
https://toranomaki.cpa-furuhata.com/archives/2356
「グリーン経営推進マニュアル」公益財団法人 交通エコロジー・モビリティ財団
『シン・危機管理　企業が〝想定外〟の時代を生き抜くには？』根来諭　みらいパブリッシング
『7つの習慣』スティーブン・R・コヴィー　キングベアー出版

著者略歴

加賀　敬章（かが　のりあき）

office KG 代表　研修講師・企業危機管理士・ファイナンシャルプランナー
全国ミドルマネージャー応援人。リスク管理アドバイザー。モットーは「組織にも人にもリスク管理を！」。1958 年愛知県生まれ。1982 年関西学院大学を卒業後、東海テレビ放送株式会社に入社。広告営業、報道記者、企画開発、総務部長、デジタル推進室長を歴任後、コンプライアンス推進局長に就任。放送通信連携事業やリスク管理の責任者として活躍し、コンプライアンス部門総責任者に従事したほか、新時代のテレビ局に必要なＳＮＳの規程や運用ルールを新規に制定した。その後、関連会社役員に就任し 2022 年 6 月退任。その後、研修講師・企業危機管理士・ファイナンシャルプランナーとして独立。研修では約 100 回の登壇で 5500 名が受講している。
現在、厳しいコンプライアンスを掲げるテレビ局に長年勤務した経験を活かして、企業のリスク管理の重要性を少しでも知ってもらえるよう、ミドルマネージャーに向けて広く伝えている。

【連絡先】
研修・講演・メディアトレーニングの office KG　https://officekg-jp.com
mail：kaga@officekg-jp.com
X　ID：@kenny8379

ミドルマネージャーが知らないではすまされない！
会社のリスク管理のキホンがよくわかる本

2024 年 3 月27日　初版発行

著　者　加賀　敬章　© Noriaki Kaga
発行人　森　　忠順
発行所　株式会社 セルバ出版
〒 113-0034
東京都文京区湯島 1 丁目 12 番 6 号 高関ビル 5 B
☎ 03（5812）1178　FAX 03（5812）1188
https://seluba.co.jp/
発　売　株式会社 三省堂書店／創英社
〒 101-0051
東京都千代田区神田神保町 1 丁目 1 番地
☎ 03（3291）2295　FAX 03（3292）7687

印刷・製本　株式会社 丸井工文社

Printed in JAPAN
ISBN978-4-86367-877-4